새로운 도서, 다양한 자료 동양북스 홈페이지에서 만나보세요!

www.dongyangbooks.com
m.dongyangbooks.com

※ 학습자료 및 MP3 제공 여부는 도서마다 상이하므로 확인 후 이용 바랍니다.

홈페이지 도서 자료실에서 학습자료 및 MP3 무료 다운로드

PC

❶ 홈페이지 접속 후 도서 자료실 클릭
❷ 하단 검색 창에 검색어 입력
❸ MP3, 정답과 해설, 부가자료 등 첨부파일 다운로드
* 원하는 자료가 없는 경우 '요청하기' 클릭!

MOBILE

* 반드시 '인터넷, Safari, Chrome' App을 이용하여 홈페이지에 접속해주세요. (네이버, 다음 App 이용 시 첨부파일의 확장자명이 변경되어 저장되는 오류가 발생할 수 있습니다.)

❶ 홈페이지 접속 후 ☰ 터치

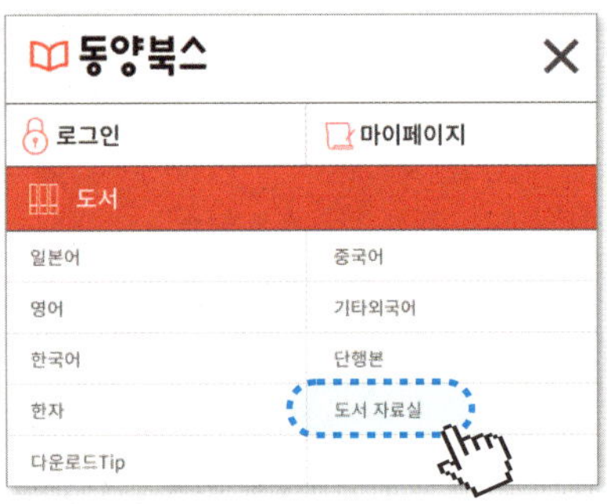

❷ 도서 자료실 터치

❸ 하단 검색창에 검색어 입력
❹ MP3, 정답과 해설, 부가자료 등 첨부파일 다운로드
* 압축 해제 방법은 '다운로드 Tip' 참고

일본어뱅크

귀와 입이 저절로 열리는

감바레 일본어

문선희 · 유창석 · 김영 지음

STEP 1

동양북스

귀와 입이 저절로 열리는

감바레 일본어 1

개정 35쇄 | 2025년 9월 5일

지은이 | 문선희, 유창석, 김영
발행인 | 김태웅
책임 편집 | 길혜진, 이서인
디자인 | 김지혜, 강재은
일러스트 | 배현혜
마케팅 총괄 | 김철영
온라인 마케팅 | 신아연
제 작 | 현대순

발행처 | ㈜동양북스
등 록 | 제 2014-000055호
주 소 | 서울시 마포구 동교로22길 14 (04030)
구입 문의 | 전화 (02)337-1737 팩스 (02)334-6624
내용 문의 | 전화 (02)337-1762 dymg98@naver.com

ISBN 978-89-8300-003-3 14730
978-89-8300-999-9 (세트)

머리말

일본어 교육에 종사하면서 많은 학습자들을 만나왔습니다. 현재도 학생들에게 일본어를 쉽고 유익하게 전달할 수 있도록 교육현장에서 가르치는 한편, 학생들이 실전에서 자주 쓰이는 일본어를 자연스럽게 습득해 나갈 수 있도록 끊임없이 연구하며 노력하고 있습니다.

본 책은 이제까지 나와 있는 교재들과는 차별화하기 위해 여러 가지로 고민하고 구상한 끝에 만들어진 교재입니다. 처음으로 일본어를 배우게 되었을 때를 떠올리며 그 당시 히라가나도 전혀 모르면서 어려웠던 점이나 쉽게 받아들였던 점들을 정리하여, 이 책을 공부하는 학습자들이 쉽게 접근할 수 있는 학습 내용을 반영하려고 많은 노력을 기울였습니다.

실제 회화에서 쓰이는 회화체 표현을 배우려면 사실상 문법을 어느 정도 공부한 후에 배우는 게 기존 교재의 학습 방식이었습니다. 하지만 본 교재는 기존 방식과는 달리, 초급책이라 하더라도 초반부터 회화체 느낌을 살려서 자연스러운 회화를 구사할 수 있도록 하였습니다.

전체적인 구성을 설명하면, 문형 설명 다음에는 「말해 봅시다」「읽어 봅시다」「써 봅시다」「들어 봅시다」의 순서대로 구성하였습니다. 문형 설명 부분에서는 문법 중간 중간 저자의 Tip을 통해 학습자들이 참고할 만한 사항을 정리해 두었습니다. 특히, 「말해 봅시다」에서는 다양한 예문을 통해 초급단계부터 단계별로 회화를 시도할 수 있도록 하였습니다. 그리고 「읽어 봅시다」 부분은 학습자가 어느 부분에서 끊어 읽어야 할지 표시를 해 둠으로써 쉽게 읽어나갈 수 있도록 하였고, 아래 부분에서는 실제 띄어쓰기가 없는 일본어 지문 연습 부분을 추가하여 후리가나 없이 읽는 훈련을 할 수 있도록 하였습니다. 「한자 연습」 부분에서는 KEY WORD에 나오는 한자 중 3개를 선택해서 그 안에 주요 한자에 대한 응용단어들을 참고할 수 있도록 넣었습니다. 그리고 주요 한자와 가타카나 단어를 써 볼 수 있는 공간도 마련하였습니다.

이 책은 초급단계부터 단계별로 올라갈 때 자신감을 갖고 다음 단계로 올라갈 수 있도록 도움을 줄 수 있는 책이라고 자부할 수 있습니다. 따라서 학습자 여러분 역시 상황에 맞는 일본어 표현과 문법을 자연스럽게 받아들일 수 있을 것입니다. 일본어를 이제 막 시작한 학습자들에게 유용한 길잡이가 될 수 있는 교재가 되기를 바랍니다.

마지막으로 이 책을 완성할 수 있도록 원동력이 되어 준 사랑하는 나의 학생들과 끝까지 응원하고 지지해 주신 사랑하는 가족, 그리고 이 책이 완성될 수 있도록 힘써주신 동양북스 관계자분들과 일본어 편집부에게 진심으로 감사드립니다.

이 책의 구성

시작

과의 주요 문형을 음성과 함께 제시했습니다. 그리고 KEY WORD에서는 말하기에 바로 도움이 될 만한 단어를 모아 어휘력을 키울 수 있도록 하였습니다. 그림과 음성으로 반복 연습을 하면 학습에 효과적입니다.

会話 회화

본문의 내용 파악이 쉽도록 그림과 함께 회화 본문을 제시했습니다. 본문은 바로 쓸 수 있는 회화 표현을 중심으로 구성했습니다. 또한, 해당 문법에는 색을 넣어 표시했으며, 기억해 두면 도움이 되는 팁도 함께 실었습니다.

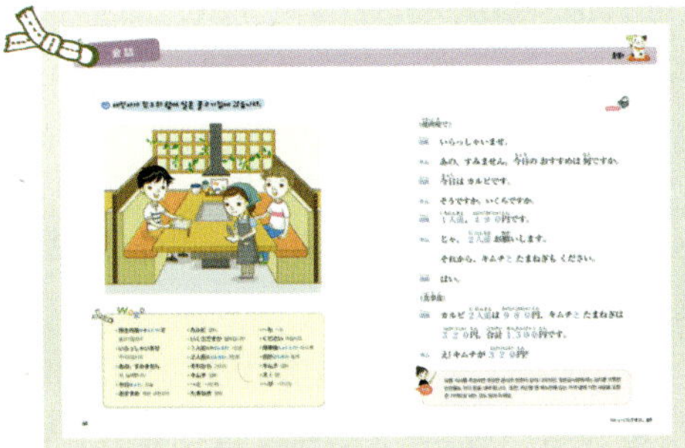

文法まとめ 문법 정리

회화 본문에 나온 주요 문법 사항을 다양한 예문과 함께 실었습니다. 또한 해당 문법에는 색을 넣어 표시했으며, 기억해 두면 도움이 되는 팁도 실었습니다.

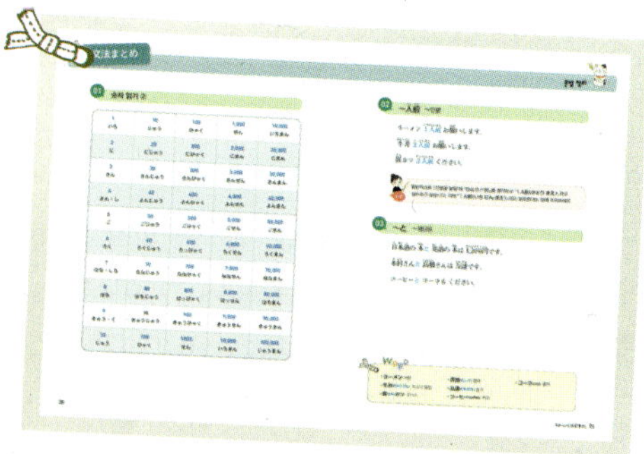

話してみましょう 말해 봅시다

문형 연습이나 자유 응답 연습을 포함한 말하기 연습입니다. 그림을 보고 자유롭게 말하기 연습을 해 보시기 바랍니다.

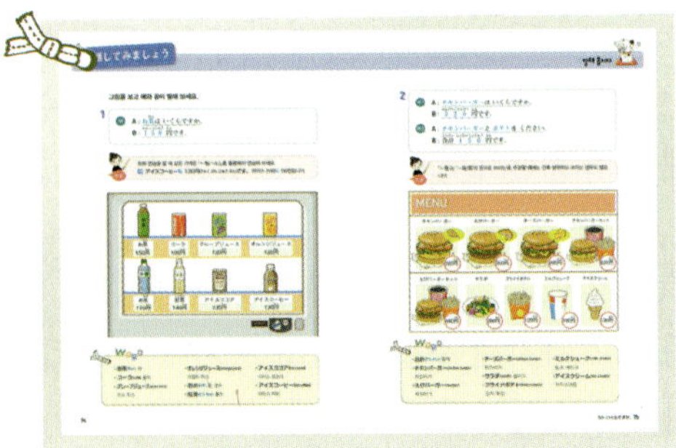

読んでみましょう 읽어 봅시다

1에서는 거침없는 말하기 능력을 키우기 위해 우선 문장을 마디로 나눠서 잘 듣고 천천히 읽는 연습을 하도록 구성하였습니다. 2에서는 한 단계 나아가 실제 일본어와 비슷하게 띄어쓰기와 한자 읽기가 없는 글로 속도를 내서 읽는 연습을 하도록 구성하였습니다.

書いてみましょう 써 봅시다

주요 문법을 실제로 써 보는 쓰기 연습입니다. 내용 파악을 돕기 위해 그림과 함께 구성했습니다.

聞いてみましょう 들어 봅시다

받아쓰기와 JPT, JLPT시험 대비를 위한 즉시응답 형식의 듣기 문제를 실었습니다.

漢字・カタカナ練習 한자 · 가타카나 연습

본 과에 나오는 주요 한자와 가타카나 단어를 직접 써 보면서 연습할 수 있도록 구성하였습니다.

会話復習 회화 복습

회화에 나오는 상황을 만화로 재미있게 구성했습니다. 회화 음성을 다시 들으면서 복습하면 더 효과적입니다.

부록

회화, 읽어 봅시다의 한국어 해석, 써 봅시다, 들어 봅시다의 정답과 청취 스크립트를 수록했습니다.

MP3 CD, 워크북(별책), 플래시카드

문자편과 KEYWORD, 대화 본문, 읽어 봅시다, 들어 봅시다를 녹음한 MP3 CD와 KEYWORD, 주요 문법 활용, 써 봅시다, 한자 · 가타카나 연습을 직접 할 수 있는 워크북(별책)을 수록했습니다. 단어 암기용 플래시카드(PDF)는 http://www.dongyangbooks.com에서 내려받을 수 있습니다.

차례

부록

플래시 카드(PDF) 다운로드 방법

ⓐ 동양북스 홈페이지(www.dongyangbooks.com)에 접속합니다.

ⓑ 홈페이지 상단의 MP3&자료실에 접속하여 도서명 '감바레' 입력 후 검색합니다.

ⓒ 검색된 목록의 제목을 선택하여 플래시 카드 PDF 파일을 다운로드 합니다.

ⓓ 스마트폰과 PC를 데이터 전송용 USB케이블을 이용하여 연결합니다.

ⓔ 다운로드 받은 PDF 파일을 스마트폰으로 복사합니다.

이 책의 학습 구성표

과	과 제목	학습 목표	문법 및 표현
1과	文字(もじ)と発音(はつおん) 문자와 발음	일본어의 문자와 발음을 이해할 수 있다.	01 히라가나 청음 清音(せいおん) 02 히라가나 탁음 濁音(だくおん) 03 히라가나 반탁음 半濁音(はんだくおん) 04 히라가나 요음 拗音(ようおん) 05 히라가나 촉음 促音(そくおん) 06 히라가나 발음 撥音(はつおん) 07 히라가나 장음 長音(ちょうおん)
2과	はじめまして。 처음 뵙겠습니다.	명사문을 이용해서 간단한 자기 소개를 할 수 있다.	01 인칭대명사 02 명사 は 명사 です ~은(는) ~입니다 03 명사 は 명사 ですか ~은(는) ~입니까? 04 명사 も ~도, ~역시 05 명사じゃ ありません ~이(가) 아닙니다
3과	それは 何(なん)ですか。 그것은 무엇입니까?	지시대명사와 조사の를 이용해서 사물의 소속에 대해 물어보거나 대답할 수 있다.	01 지시대명사 ① 02 これ, それ, あれ, どれ 이것, 그것, 저것, 어느 것 03 명사 なんです ~입니다, ~이거든요 (이유, 설명 등을 강조하는 회화체) 04 명사 + の + 명사 ~의 05 ~の ~의 것

과	과 제목	학습 목표	문법 및 표현
4과	今(いま) 何時(なんじ)ですか。 지금 몇 시입니까?	배운 숫자를 이용해서 시간에 대해 물어보거나 대답할 수 있다.	01 숫자 읽기 ① 0 ~ 11 02 시간 표현 ① ~時(じ) ~시 ② ~分(ふん) ~분 03 시간을 나타내는 표현 04 ~ですが ~입니다만 05 ~から ~まで ~부터 ~까지 06 ~じゃ ないですか ~이(가) 아니에요?, 아닙니까?
5과	いくらですか。 얼마입니까?	배운 숫자를 이용해서 가격에 대해 물어보거나 대답할 수 있다.	01 숫자 읽기 ② 1 ~ 100,000 02 ~人前(にんまえ) ~인분 03 ~と ~와(과)
6과	お誕生日(たんじょうび)は いつですか。 생일이 언제입니까?	배운 숫자를 이용해서 날짜에 대해 물어보거나 대답할 수 있다.	01 날짜 ① 日付(ひづけ) 날짜 ② ~年(ねん) ~년 ③ ~月(がつ) ~월 ④ 시제 관련 표현 02 いつ 언제 03 명사 + でしたが、 ~이었습니다만, 04 第3月曜日(だいさんげつようび) 셋째 주 월요일 * 요일

이 책의 학습 구성표

과	과 제목	학습 목표	문법 및 표현
7과	今日は いい 天気ですね。 오늘은 날씨가 좋네요.	い형용사를 이용해서 질문하거나 설명 또는 소감을 말할 수 있다.	01 い형용사의 활용 02 「いい (＝よい) 좋다」의 활용 03 ～い ＋ 명사 ～한 명사 (い형용사의 명사 수식) 04 ～より ～보다 05 ～い떼고 + くありません ～지 않습니다 (い형용사의 부정형) 06 ～い떼고 + かったです ～했습니다 (い형용사의 과거형) 07 ～い떼고 + くて ～하고, ～해서 (い형용사의 연결형) * 필수 い형용사
8과	どんな タイプが 好きですか。 어떤 타입을 좋아합니까?	な형용사와 연결 표현을 이용해서 질문하거나 설명 또는 소감을 말할 수 있다.	01 な형용사의 활용 02 조사「が」 03 ～だ떼고 な ＋ 명사 ～한 명사 (な형용사의 명사 수식) 04 명사が 上手だ ～을(를) 잘하다 05 명사の 中で 명사が 一番 好きです ～중에서 ～을(를) 가장 좋아합니다 06 명사も （い・な형용사 기본형）し、～도 ～하고 07 な형용사 ～だ떼고 + で ～하고, ～해서(な형용사의 연결형) * 필수 な형용사
9과	書類は どこに ありますか。 서류는 어디에 있습니까?	사람, 사물, 건물의 위치에 대해 물어보거나 대답할 수 있다.	01 지시대명사 ② 02 あります・います 03 위치를 나타내는 명사 04 ここ・そこ・あそこ・どこ 여기, 거기, 저기, 어디 05 ～の ～に あります/います ～의 ～에 있습니다 06 ～じゃないですか ～이(가) 아니에요?, 아닙니까? 07 どこですか 어디입니까?

과	과 제목	학습 목표	문법 및 표현
10과	何人家族ですか。 몇 식구입니까?	가족 관계에 대해 물어 보거나 대답할 수 있다.	01 가족 관계 02 何人 몇 명 03 명사 + で、 ~이고, 04 ~なんです ~입니다, ~이거든요 * 조수사
11과	毎朝 何時に 起きますか。 매일 아침 몇 시에 일어납니까?	ます형을 이용해서 일과에 대해 물어보거나 대답할 수 있다.	01 동사의 ます형 ① 02 ます형의 현재형, 부정형 03 ます형의 현재형, 부정형 활용 연습 04 시간, 요일 + に ~에 05 ~ので, なので ~이기 때문에 (접속조사) 06 ~へ [e] + 동작성 동사(行く, 来る, 帰る) ~에/로 07 장소 + で ~에서 * 표현 PLUS
12과	高校時代の 友達に 会いました。 고등학교 시절 친구를 만났습니다.	ます형의 과거를 이용해서 무엇을 했는지 물어 보거나 대답할 수 있다.	01 ます형의 현재형, 과거형, 현재 부정형, 과거 부정형 02 동사의 ます형② (과거형, 과거 부정형) 03 ます형의 과거형, 과거 부정형 활용 연습 04 ~に会う ~을(를) 만나다, ~に乗る ~을(를) 타다 05 ~ました ~했습니다(ます형의 과거형) 06 ~ませんでした ~하지 않았습니다 (ます형의 과거 부정형) 07 동사의 기본형 + 時 ~할 때 08 ~くて ~해서(い형용사의 연결형) * 표현 PLUS

등장인물 소개

김세민 (キム・セミン)

일본 도쿄에 있는 대학교의 유학생센터에서 일본어를 배우는 한국인 학생. 24세. 유키가 다니는 회사에서 아르바이트를 하고 있다.

이하나 (イ・ハナ)

세민이와 같은 대학교에서 미술을 전공하는 한국인 학생. 23세. 세민이와는 유학생 모임에서 만난 사이.

야마시타 유키 (山下 雪)

도쿄에 사는 회사원. 26세. 직장에 세민이가 아르바이트생으로 들어온 후부터 세민이를 통해 여러 외국인 친구를 사귀게 된다.

다카하시 준 (高橋 準)

하나와 같은 과에 다니는 일본인 학생. 21세. 학교의 유학생 교류 모임에서 링과 다니엘을 만나게 된다.

링 (リン)

세민이와 같은 유학생센터에 다니는 중국인 학생. 23세.

다니엘 (ダニエル)

세민이와 같은 유학생센터에 다니는 미국인 유학생. 27세

1과 文字(もじ)と発音(はつおん)

문자와 발음

일본어의 문자는 히라가나(ひらがな)와 가타카나(カタカナ), 한자(漢字)의 세 가지로 구성되어 있습니다. 1과에서는 일본어의 가장 기본이 되는 히라가나를 중심으로 일본어 발음을 학습합니다.

히라가나(ひらがな)

히라가나는 한자의 초서체를 바탕으로 만들어진 글자입니다. 히라가나를 표로 만든 것을 오십음도(五十音図)라고 하는데 현재 사용되는 글자는 50자가 아닌 총 46자입니다.

가타카나(カタカナ)

한자의 일부를 이용해서 만들어진 글자로서 발음은 히라가나와 동일합니다. 가타카나는 주로 외래어, 의성어, 의태어, 외국어 인명 및 지명 등을 표기할 때 사용합니다.

한자(漢字)

일본어의 한자는 우리나라와 달리 획수를 줄인 약자를 씁니다. 또 한자를 읽는 방법은 중국어 발음을 바탕으로 읽는 '음독(音読)'과 한자의 뜻과 비슷한 일본어로 읽는 '훈독(訓読)'의 두 가지가 있습니다.

五十音図

	あ행	か행	さ행	た행	な행
あ단	あ ア [a]	か カ [ka]	さ サ [sa]	た タ [ta]	な ナ [na]
い단	い イ [i]	き キ [ki]	し シ [shi]	ち チ [chi]	に ニ [ni]
う단	う ウ [u]	く ク [ku]	す ス [su]	つ ツ [tsu]	ぬ ヌ [nu]
え단	え エ [e]	け ケ [ke]	せ セ [se]	て テ [te]	ね ネ [ne]
お단	お オ [o]	こ コ [ko]	そ ソ [so]	と ト [to]	の ノ [no]

は행	ま행	や행	ら행	わ행	ん
は ハ [ha]	ま マ [ma]	や ヤ [ya]	ら ラ [ra]	わ ワ [wa]	ん ン [N]
ひ ヒ [hi]	み ミ [mi]		り リ [ri]		
ふ フ [fu]	む ム [mu]	ゆ ユ [yu]	る ル [ru]		
へ ヘ [he]	め メ [me]		れ レ [re]		
ほ ホ [ho]	も モ [mo]	よ ヨ [yo]	ろ ロ [ro]	を ヲ [o]	

ひらがな

1. 히라가나 청음 清音(せいおん)

Track 01

あ 행

あ	い	う	え	お
[a]	[i]	[u]	[e]	[o]

あい
[ai]
사랑

いえ
[ie]
집

うえ
[ue]
위

え
[e]
그림

あお
[ao]
파랑

か 행

か	き	く	け	こ
[ka]	[ki]	[ku]	[ke]	[ko]

か
[ka]
모기

き
[ki]
나무

きく
[kiku]
국화

いけ
[ike]
연못

あいこ
[aiko]
비김

さ 행

さ	し	す	せ	そ
[sa]	[shi]	[su]	[se]	[so]

かさ [kasa] 우산	いし [ishi] 돌	すし [sushi] 초밥	せき [seki] 기침	うそ [uso] 거짓말

た 행

た	ち	つ	て	と
[ta]	[chi]	[tsu]	[te]	[to]
				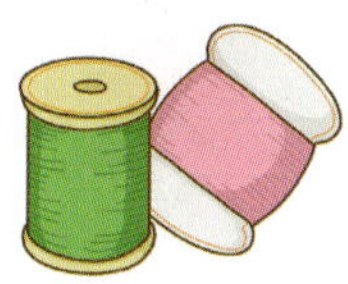
たこ [tako] 문어	ちち [chichi] 아버지	つくえ [tsukue] 책상	て [te] 손	いと [ito] 실

な 행

な	に	ぬ	ね	の
[na]	[ni]	[nu]	[ne]	[no]

なし	にく	いぬ	ねこ	きのこ
[nashi]	[niku]	[inu]	[neko]	[kinoko]
배	고기	개	고양이	버섯

は 행

は	ひ	ふ	へ	ほ
[ha]	[hi]	[fu]	[he]	[ho]

			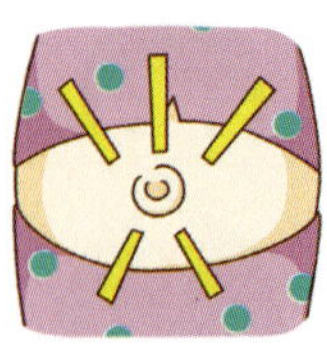	
はな	ひと	ふね	へそ	ほし
[hana]	[hito]	[fune]	[heso]	[hoshi]
꽃	사람	배	배꼽	별

ま행

ま	み	む	め	も
[ma]	[mi]	[mu]	[me]	[mo]
	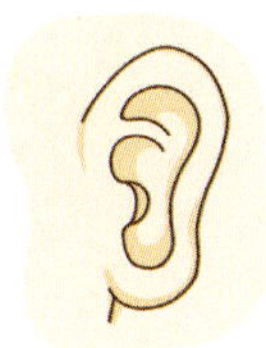		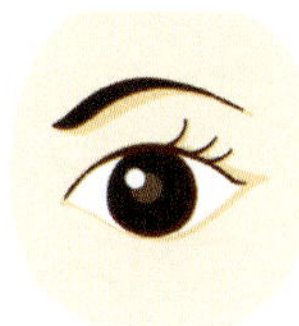	
うま [uma] 말	みみ [mimi] 귀	むし [mushi] 벌레	め [me] 눈	もも [momo] 복숭아

や행

や	ゆ	よ
[ya]	[yu]	[yo]

やま [yama] 산	ゆき [yuki] 눈(雪)	よめ [yome] 며느리

ら 행

ら [ra] り [ri] る [ru] れ [re] ろ [ro]

そら
[sora]
하늘

ゆり
[yuri]
백합

さる
[saru]
원숭이

はれ
[hare]
(날씨가) 맑음

ろく
[roku]
6(여섯)

わ 행

わ [wa] を [o]

わたし
[watashi]
나

～を
[o]
～을/를

ん [N]

きん
[kiN]
금

2. 히라가나 탁음 濁音(だくおん)

Track 02

が 행

が	ぎ	ぐ	げ	ご
[ga]	[gi]	[gu]	[ge]	[go]

めがね
[megane]
안경

かぎ
[kagi]
열쇠

かぐ
[kagu]
가구

げた
[geta]
일본 나막신

ごはん
[gohaN]
밥

ざ 행

ざ	じ	ず	ぜ	ぞ
[za]	[ji]	[zu]	[ze]	[zo]

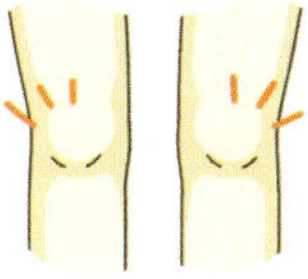

ひざ
[hiza]
무릎

かんじ
[kanji]
한자

ちず
[chizu]
지도

かぜ
[kaze]
바람

かぞく
[kazoku]
가족

だ행

だ	ぢ	づ	で	ど
[da]	[ji]	[zu]	[de]	[do]

だいこん	はなぢ	こづつみ	でんわ	まど
[daikoN]	[hanaji]	[kozutsumi]	[deNwa]	[mado]
무	코피	소포	전화	창문

ば행

ば	び	ぶ	べ	ぼ
[ba]	[bi]	[bu]	[be]	[bo]

そば	えび	ぶた	かべ	そぼ
[soba]	[ebi]	[buta]	[kabe]	[sobo]
소바	새우	돼지	벽	조모

3. 히라가나 반탁음 半濁音(はんだくおん)

Track 03

ぱ행

ぱ	ぴ	ぷ	ぺ	ぽ
[pa]	[pi]	[pu]	[pe]	[po]

かんぱい
[kampai]
건배

ぴかぴか
[pikapika]
반짝반짝

おんぷ
[ompu]
음표

ぺこぺこ
[pekopeko]
배가 몹시 고픈 모양

さんぽ
[sampo]
산책

4. 히라가나 요음 拗音(ようおん)

- 두 자이지만 발음은 1음절로 하며 「や, ゆ, よ」는 「ゃ, ゅ, ょ」와 같이 작게 표기한다.
- い단(段)에만 접속한다.

きゃ [kya]	きゅ [kyu]	きょ [kyo]
ぎゃ [gya]	ぎゅ [gyu]	ぎょ [gyo]

しゃ [sha]	しゅ [shu]	しょ [sho]
じゃ [ja]	じゅ [ju]	じょ [jo]

ちゃ [cha]	ちゅ [chu]	ちょ [cho]
ぢゃ [ja]	ぢゅ [ju]	ぢょ [jo]

にゃ [nya]	にゅ [nyu]	にょ [nyo]

Track 04

ひゃ [hya]	ひゅ [hyu]	ひょ [hyo]
びゃ [bya]	びゅ [byu]	びょ [byo]
ぴゃ [pya]	ぴゅ [pyu]	ぴょ [pyo]

みゃ [mya]	みゅ [myu]	みょ [myo]

りゃ [rya]	りゅ [ryu]	りょ [ryo]

연습

❶ おきゃく 고객 / ぎゃく 역, 반대
❷ じしょ 사전 / かのじょ 여자 친구
❸ ちゃ 차 / ちょちく 저축
❹ ひゃく 백(100) / さんびゃく 삼백(300)
❺ ろっぴゃく 육백(600) / はっぴゃく 팔백(800)
❻ びみょう 미묘 / どうみゃく 동맥
❼ りょう 양(量) / りよう 이용

5. 히라가나 촉음 促音(そくおん)

Track 05

- 청음「つ」를 작게 써서「っ」로 표기한다.
- 뒷발음의 자음이 앞 발음의 받침이 되고 뒷발음은 세진다.

(1) [k] 받침 – か행 앞에서

예 いっき [ik-ki] 단숨에 마심, 원샷　　こっき [kok-ki] 국기

(2) [s] 받침 – さ행 앞에서

예 ざっし [zas-shi] 잡지　　はっせん [has-sen] 팔천(8,000)

(3) [t] 받침 – た행 앞에서

예 いったい [it-tai] 도대체　　きって [kit-te] 우표

(4) [p] 받침 – ぱ행 앞에서

예 きっぷ [kip-pu] 표　　いっぱい [ip-pai] 한 잔

6. 히라가나 발음 撥音(はつおん)

Track 06

- 청음「ん」으로 표기한다.
- 우리말의 ㄴ, ㅁ, ㅇ 받침과 같은 역할을 한다.
- 단, 뒤에 오는 음에 따라 발음이 조금씩 달라진다.

(1) [m] 발음 :「ん」뒤에「ま, ば, ぱ」행이 올 때 → ㅁ

예 こんばん[kom-baN] 오늘 밤(今晩)　　さんぽ[sam-po] 산책
うんめい[um-mei] 운명　　あんま[am-ma] 안마

(2) [n] 발음 :「ん」뒤에「さ, ざ, た, だ, な, ら」행이 올 때 → ㄴ

예 こんにち[kon-nichi] 금일(今日)　　あんない[an-nai] 안내
はんたい[han-tai] 반대　　けんり[ken-ri] 권리

(3) [ŋ] 발음 :「ん」뒤에「か, が」행이 올 때 → ㅇ

예 かんこく[kaŋ-koku] 한국　　りんご [riŋ-go] 사과
ぎんこう[giŋ-ko:] 은행　　げんき[geŋ-ki] 건강함

(4) [N] 발음 :「ん」뒤에「あ, は, や, わ」행이 올 때
또는 문장 맨 끝에 올 때 → n 과 ŋ의 중간 발음

예 ほん[hoN] 책　　きん[kiN] 금
にほん[nihoN] 일본　　でんわ[deNwa] 전화

7. 히라가나 장음 長音(ちょうおん)

Track07

- 같은 모음을 2배로 길게 늘여 발음한다.
- 가타가나는 「ー」로 표기한다. 예 コーヒー (coffee) 커피

(1) a + a →[a:]

おばあさん 할머니　　おかあさん 어머니

(2) i + i →[i:]

おじいさん 할아버지　　おにいさん 형, 오빠

(3) u + u →[u:]

ゆうき 용기　　くうき 공기

(4) e + e →[e:]

e + i →[e:]

おねえさん 언니, 누나　　えいが 영화

せんせい 선생님　　ていしょく 정식

(5) o + o →[o:]

o + u →[o:]

おおい 많다　　とおい 멀다

おはよう 안녕(아침 인사)　　おとうさん 아버지

연습

1. おばさん 아주머니(고모, 이모) / おばあさん 할머니
2. おじさん 아저씨(삼촌) / おじいさん 할아버지
3. ゆき 눈(雪) / ゆうき 용기
4. おい 조카 / おおい 많다
5. せんしゅ 선수 / せんしゅう 지난주

어휘 플러스

1 한국어와 거의 같은 발음

- むり 무리
- むし 무시
- きおん 기온
- あんま 안마
- あんき 암기
- あんしん 안심
- かんたん 간단
- きぶん 기분
- どうろ 도로
- むりょう 무료
- おんど 온도
- しんり 심리
- さぎ 사기
- かんそ 간소
- じゅんび 준비
- さんぽ 산책
- ちりょう 치료
- ちり 지리

2 한국어와 비슷한 발음

- りょうり 요리
- りょうきん 요금
- ゆうめい 유명
- うんめい 운명
- しんぶん 신문
- いみ 의미
- あんぜん 안전
- しんせん 신선
- けんり 권리
- だいり 대리
- りょくちゃ 녹차
- あんない 안내
- かぞく 가족
- どうりょう 동료
- きおく 기억
- ちいき 지역
- うんどう 운동
- しんぴ 신비

어휘 플러스

3 일본어 인사 표현

おはようございます。
안녕하세요.(아침 인사)

こんにちは。
안녕하세요.(점심 인사)

こんばんは。
안녕하세요.(저녁 인사)

すみません。
실례합니다.

すみません。
죄송합니다.

ありがとうございます。감사합니다.
どういたしまして。천만에요 .

いただきます。
잘 먹겠습니다.

ごちそうさまでした。
잘 먹었습니다.

おやすみなさい。
안녕히 주무세요.

じゃあね。
또 봐.

行(い)ってきます。다녀오겠습니다.
行(い)ってらっしゃい。다녀오세요.

ただいま。다녀왔습니다.
お帰(かえ)りなさい。다녀오셨어요?

2과 はじめまして。

처음 뵙겠습니다.

Track 08

필수 문장 익히기

はじめまして。私(わたし)は 山下(やました)です。 처음 뵙겠습니다. 저는 야마시타입니다.

どうぞ よろしく お願(ねが)いします。 잘 부탁드립니다.

KEY WORD

会社員(かいしゃいん)
회사원

先生(せんせい)
선생님

学生(がくせい)
학생

医者(いしゃ)
의사

歌手(かしゅ)
가수

主婦(しゅふ)
주부

韓国人(かんこくじん)
한국인

日本人(にほんじん)
일본인

中国人(ちゅうごくじん)
중국인

会話

세민이가 유키의 회사에 아르바이트생으로 들어와서 처음으로 인사합니다.

WORD

- ～さん ～씨(상대방에게 사용)
- こちら 이쪽
- ～は[wa] ～은(는)
- ～です ～입니다
- はじめまして 처음 뵙겠습니다
- どうぞ よろしく お願(ねが)いします 잘 부탁합니다
- 学生(がく せい) 학생
- ～ですか ～입니까?
- はい 네
- そうです 그렇습니다
- ～も ～도, ～역시
- いいえ 아니요
- 私(わたし) 나
- ～じゃ ありません ～이(가) 아닙니다
- 会社員(かい しゃ いん) 회사원

회화

Track 09

木村(きむら) 山下(やました)さん、こちらは キム・セミンさんです。

キム はじめまして。キム・セミンです。

どうぞ よろしく お願(ねが)いします。

山下(やました) はじめまして。山下雪(やましたゆき)です。どうぞ よろしく お願(ねが)いします。

キムさんは 学生(がくせい)ですか。

キム はい、そうです。山下(やました)さんも 学生(がくせい)ですか。

山下(やました) いいえ、私(わたし)は 学生(がくせい)じゃ ありません。会社員(かいしゃいん)です。

Tip

첫 만남에서 일본인들은 악수보다는 간단한 목례와 함께 인사를 하는 게 일반적입니다. 그리고 명함을 교환할 때에는 인사를 하면서 상대방이 읽을 수 있는 방향으로 명함을 내밉니다. 또한, 더럽혀진 명함을 사용하거나 사전에 준비하지 않고, 바지 주머니에서 꺼내서 전달하는 등의 행동은 비즈니스 상에서는 역효과를 가져다주며, 실례가 된다는 점을 기억해 두세요.

文法まとめ

01 인칭대명사

1인칭	私(わたし) 나, 私(わたくし) 저
2인칭	あなた 당신, 君(きみ) 너
3인칭	彼(かれ) 그, 彼女(かのじょ) 그녀

＊誰(だれ) 누구

02 명사は 명사です　~은(는) ~입니다

Tip

1. 「~は」는 주격조사 '~은(는)'의 의미로 [ha]로 발음하지 않고 [wa]로 발음한다는 점에 주의하세요!
2. 자기 소개를 할 때에는 「이름 + です」 표현보다 좀 더 정중하게 '~라고 합니다'라는 의미로 「~と 申(もう)します」라는 표현도 많이 쓰입니다.

私(わたし)は 山下雪(やましたゆき)です。

私(わたし)は 韓国人(かんこくじん)です。

木村(きむら)さんは 会社員(かいしゃいん)です。

彼(かれ)は 医者(いしゃ)です。

WORD

- 韓国人(かんこくじん) 한국인
- 会社員(かいしゃいん) 회사원
- 医者(いしゃ) 의사
- ~さん ~씨(상대방에게 사용)
- 彼(かれ) 그, 그 남자(3인칭)

03 명사は 명사ですか ~은(는) ~입니까?

佐藤(さとう)さんは 銀行員(ぎんこういん)ですか。

→ はい、私(わたし)は 銀行員(ぎんこういん)です。

→ いいえ、私(わたし)は 銀行員(ぎんこういん)じゃ ありません。

04 명사も ~도, ~역시

私(わたし)も 大学生(だいがくせい)です。

彼女(かのじょ)も 留学生(りゅうがくせい)です。

私(わたし)も アメリカ人(じん)です。

05 명사じゃ ありません ~이(가) 아닙니다

Tip

じゃ ありません = では ありません = じゃ ないです

彼(かれ)は 中国人(ちゅうごくじん)じゃ ありません。

私(わたし)は フランス人(じん)じゃ ありません。

木村(きむら)さんは 歌手(かしゅ)じゃ ありません。

WORD

- 銀行員(ぎん こう いん) 은행원
- はい 예, 네
- いいえ 아니요, 아뇨
- 大学生(だい がく せい) 대학생
- 彼女(かの じょ) 그녀
- 留学生(りゅう がく せい) 유학생
- アメリカ人(じん) 미국인
- 彼(かれ) 그, 그 남자(3인칭)
- 中国人(ちゅう ごく じん) 중국인
- フランス人(じん) 프랑스인
- 歌手(か しゅ) 가수

話してみましょう

그림을 보고 예와 같이 말해 보세요.

1

예

キムさんは 学生(がくせい)です。

1

橋本(はしもと), 医者(いしゃ)

2

山田(やまだ), 歌手(かしゅ)

3

田中(たなか), 主婦(しゅふ)

2

예

私(わたし)は 日本人(にほんじん)です。

私(わたし)は 日本人(にほんじん)じゃ ありません。

1

韓国人(かんこくじん)

2

中国人(ちゅうごくじん)

3

イギリス人(じん)

WORD

- 歌手(かしゅ) 가수
- 主婦(しゅふ) 주부
- イギリス人(じん) 영국인

3

예

A : お仕事(しごと)は 何(なん)ですか。

B : 私(わたし)は モデルです。

1

会社員(かいしゃいん)

2

医者(いしゃ)

3

歌手(かしゅ)

4

先生(せんせい)

5

主婦(しゅふ)

6

軍人(ぐんじん)

WORD

- **お仕事**(しごと) 일, 직업(**お**는 상대방에 대한 정중의 의미를 나타내는 접두어)
- **何**(なん)**ですか** 무엇입니까
- **モデル**(model) 모델
- **軍人**(ぐんじん) 군인

読んでみましょう

읽어 봅시다

1 다음 내용을 큰 소리로 천천히 읽어 보세요.

Track 10

はじめまして。/ 私(わたし)は / 山下雪(やましたゆき)です。/

私(わたし)は / 日本人(にほんじん)です。/

こちらは / 木村(きむら)さんです。/ 木村(きむら)さんも / 日本人(にほんじん)です。/

こちらは / キム・セミンさんです。/ キムさんは / 韓国人(かんこくじん)です。/

木村(きむら)さんも / キムさんも / 学生(がくせい)です。/

二人(ふたり)は / 友達(ともだち)です。/

2 다음 내용을 실제 속도로 읽어 보세요.

Track 11

はじめまして。私は山下雪です。

私は日本人です。

こちらは木村さんです。木村さんも日本人です 。

こちらはキム・セミンさんです。キムさんは韓国人です。

木村さんもキムさんも学生です。

二人は友達です。

WORD

- **こちら** 이쪽, 이분
- **〜さん** ~씨(상대방에게 사용)
- **〜も** ~도, 역시
- **二人**(ふたり) 두 사람, 두 명
- **友達**(ともだち) 친구

書いてみましょう

써 봅시다

다음 예와 같이 일본어로 써 보세요.

1

예

A : 田中(たなか)さんは 会社員(かいしゃいん)ですか。

B : はい、私(わたし)は 会社員(かいしゃいん)です。

いいえ、私(わたし)は 会社員(かいしゃいん)じゃ ありません。

1 

A : 佐藤(さとう)さんは 銀行員(ぎんこういん)ですか。

B : ______________________

____

2 

A : イさんは 警察官(けいさつかん)ですか。

B : ______________________

____

3 

A : 高橋(たかはし)さんは 大学生(だいがくせい)ですか。

B : ______________________

____

4 

A : チンさんは 公務員(こうむいん)ですか。

B : ______________________

____

WORD

- **銀行員**(ぎん こう いん) 은행원
- **警察官**(けい さつ かん) 경찰관
- **大学生**(だい がく せい) 대학생
- **公務員**(こう む いん) 공무원

聞いてみましょう

들어 봅시다

A 잘 듣고 밑줄 친 부분에 써 보세요.

Track 12

1 はじめまして。私(わたし)_____ 山下雪(やましたゆき)__________。

2 いいえ、私(わたし)は _______________じゃ ありません。

3 どうぞ _______________ お願(ねが)いします。

B 다음 내용을 듣고 질문에 대한 답으로 올바른 것을 고르세요.

1

2

정답	①	②	③

정답	①	②	③

漢字・カタカナ練習

한 자 다음 한자를 읽고 따라 써 보세요.

会 모일 **회**	会社員 かい しゃ いん 회사원	会社員 かい しゃ いん	

보기 会議(かいぎ) 회의, 会員(かいいん) 회원

学 배울 **학**	学生 がく せい 학생	学生 がく せい	

보기 大学(だいがく) 대학, 語学(ごがく) 어학

国 나라 **국**	韓国人 かん こく じん 한국인	韓国人 かん こく じん	

보기 国内(こくない) 국내, 外国(がいこく) 외국

가타카나 다음 가타카나를 읽고 따라 써 보세요.

アメリカ America 미국	アメリカ	アメリカ	

フランス France 프랑스	フランス	フランス	

会話復習

회화 복습

Track 13

다음의 『会話(かいわ)/회화』 스크립트를 보면서 복습해 보세요.

3과 それは 何(なん)ですか。

그것은 무엇입니까?

Track 14

필수 문장 익히기

これは 誰(だれ)の 本(ほん)ですか。 이것은 누구의 책입니까?

それは 私(わたし)のです。 그것은 제 것입니다.

KEY WORD

 本(ほん) 책	 時計(とけい) 시계	 新聞(しんぶん) 신문
 辞書(じしょ) 사전	 雑誌(ざっし) 잡지	 傘(かさ) 우산
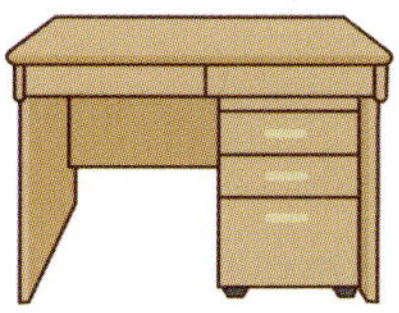 机(つくえ) 책상	 椅子(いす) 의자	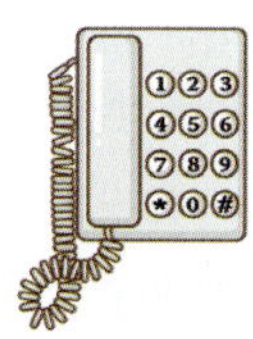 電話(でんわ) 전화

会話

준과 하나가 마네키네코에 대해서 이야기하고 있습니다.

WORD

- 招(まね)き猫(ねこ) 복을 부르는 고양이
- ~の ~의, ~의 것
- 幸運(こう うん) 행운
- シンボル(symbol) 상징
- ~なんです ~입니다, ~이거든요(회화체)
- へえ~ 에~
- そうですか 그렇습니까
- プレゼント(present) 선물
- どうぞ 여기요(상대에게 권할 때)
- 本当(ほん とう)に 정말로
- ありがとうございます 감사합니다

Track 15

イ　高橋(たかはし)さん、それは 何(なん)ですか。

高橋(たかはし)　これは 招(まね)き猫(ねこ)です。

イ　招(まね)き猫(ねこ)?

高橋(たかはし)　日本(にほん)の 招(まね)き猫(ねこ)は 幸運(こううん)の シンボルなんです。

イ　へえ～、そうですか。

高橋(たかはし)　これは プレゼントです。どうぞ。

イ　わ～、本当(ほんとう)に 私(わたし)のですか。ありがとうございます。

Tip

「招(まね)き猫(ねこ)」는 행운을 부르는 의미를 갖고 있는 고양이 장식물로, 오른손을 들고 있는 것은 '금은초복(= 금전운)', 왼손을 들고 있는 것은 '천객만래(= 손님을 부름)'를 의미한다고 합니다.

文法まとめ

01 지시대명사 ①

	근칭	중칭	원칭	부정칭
사물	**これ** 이것	**それ** 그것	**あれ** 저것	**どれ** 어느 것
명사 수식	**この** 이	**その** 그	**あの** 저	**どの** 어느

02 これ, それ, あれ, どれ 이것, 그것, 저것, 어느 것

これは 何(なん)ですか。 → それは 時計(とけい)です。

それは 何(なん)ですか。 → これは 新聞(しんぶん)です。

あれは 何(なん)ですか。 → あれは 雑誌(ざっし)です。

03 명사 + なんです ~입니다, ~이거든요(이유, 설명 등을 강조하는 회화체)

それは 中国(ちゅうごく)の 幸運(こううん)の シンボルなんです。

これは 本当(ほんとう)に 本物(ほんもの)なんです。

佐藤(さとう)さんは 私(わたし)の 友達(ともだち)なんです。

WORD

- **時計**(とけい) 시계
- **新聞**(しんぶん) 신문
- **雑誌**(ざっし) 잡지
- **中国**(ちゅうごく) 중국
- **幸運**(こううん) 행운
- **シンボル**(symbol) 상징
- **本当**(ほんとう)**に** 정말로
- **本物**(ほんもの) 진품
- **友達**(ともだち) 친구

04 명사 + の + 명사 ~의

これは 私(わたし)の かばんです。(해석 ○)

私(わたし)は 日本語(にほんご)の 先生(せんせい)です。(해석 ×)

これは 英語(えいご)の 本(ほん)です。(해석 ×)

05 ~の ~의 것

この 眼鏡(めがね)は 私(わたし)のです。

その 傘(かさ)は 森先生(もりせんせい)のです。

山田(やまだ)さんのは どれですか。

WORD

- **かばん** 가방
- **英語**(えいご) 영어
- **眼鏡**(めがね) 안경
- **傘**(かさ) 우산
- **どれ** 어느 것

話してみましょう

그림을 보고 예와 같이 말해 보세요.

1

예

時計(とけい)

A : これ/それ/あれは 何(なん)ですか。

B : それ/これ/あれは 時計(とけい)です。

1

辞書(じしょ)

2

雑誌(ざっし)

3

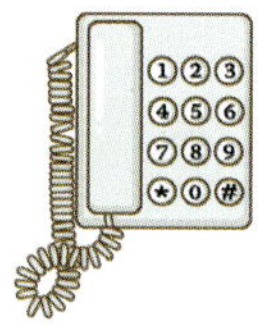

電話(でんわ)

4

鉛筆(えんぴつ)

5

新聞(しんぶん)

6

本(ほん)

7

ノート

8

パソコン

9

靴(くつ)

WORD

- **鉛筆**(えんぴつ) 연필
- **ノート**(note) 노트
- **パソコン**(personal+computer) 컴퓨터
- **靴**(くつ) 구두

2

예

傘(かさ)、私(わたし)

A：これは 何(なん)ですか。

B：それは 傘(かさ)です。

A：これは 誰(だれ)の 傘(かさ)ですか。

B：それは 私(わたし)のです。

1

鉛筆(えんぴつ), 鈴木(すずき)さん

2

ペン, リンさん

3

眼鏡(めがね), キムさん

3

예

この 本(ほん), 山下(やました)さん

この 本(ほん)は 山下(やました)さんのです。

この 本(ほん)は 山下(やました)さんのじゃ ありません。

1

その かぎ, 林(はやし)さん

2

あの かばん, イさん

3

この パソコン, ムン先生(せんせい)

WORD

- ペン(pen) 펜
- 眼鏡(めがね) 안경
- かぎ 열쇠
- かばん 가방

読んでみましょう

읽어 봅시다

1 다음 내용을 큰 소리로 천천히 읽어 보세요.

Track 16

これは / 日本(にほん)の 招(まね)き猫(ねこ)です。/

招(まね)き猫(ねこ)は / 幸運(こううん)の シンボルです。/

招(まね)き猫(ねこ)の 右手(みぎて)は / お金(かね)の 意味(いみ)です。/ 左手(ひだりて)は / お客(きゃく)の 意味(いみ)です。/

この 招(まね)き猫(ねこ)は / 高橋(たかはし)さんからの / プレゼントなんです。/

これは / 浴衣(ゆかた)の 写真(しゃしん)です。/ 浴衣(ゆかた)は / 日本(にほん)の ものです。/

これは / げたです。/ げたも / 日本(にほん)のです。 /

2 다음 내용을 실제 속도로 읽어 보세요.

Track 17

これは日本の招き猫です。招き猫は幸運のシンボルです。
招き猫の右手はお金の意味です。左手はお客の意味です。
この招き猫は高橋さんからのプレゼントなんです。
これは浴衣の写真です。浴衣は日本のものです。
これはげたです。げたも日本のです。

WORD

- **～の** ～의, ～의 것
- **招(まね)き猫(ねこ)** 복을 부르는 고양이
- **右手(みぎて)** 오른손
- **お金(かね)** 돈
- **意味(いみ)** 의미
- **左手(ひだりて)** 왼손
- **お客(きゃく)** 손님, 고객
- **～からのプレゼント** ～로부터의(로부터 받은) 선물
- **浴衣(ゆかた)** 유카타(일본의 여름 기모노)
- **写真(しゃしん)** 사진
- **もの** 물건
- **げた** (일본)나막신

書いてみましょう

써 봅시다

다음 예와 같이 일본어로 써 보세요.

1

예

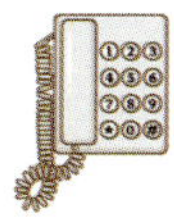

電話(でんわ)

A : これは 何(なん)ですか。

B : それは 電話(でんわ)です。

1

机(つくえ)

A : それは 何(なん)ですか。

B : ______________________

2

椅子(いす)

A : これは 何(なん)ですか。

B : ______________________

3

傘(かさ)

A : あれは 何(なん)ですか。

B : ______________________

4

靴(くつ)

A : それは 何(なん)ですか。

B : ______________________

5

鉛筆(えんぴつ)

A : これは 何(なん)ですか。

B : ______________________

WORD

- 机(つくえ) 책상
- 椅子(いす) 의자
- 靴(くつ) 구두
- 鉛筆(えんぴつ) 연필

聞いてみましょう

들어 봅시다

A 잘 듣고 밑줄 친 부분에 써 보세요.

Track 18

1 森(もり)さんは 日本語(にほんご)____ 先生(せんせい)です。

2 これは 橋本(はしもと)さん____ かばんです。私(わたし)の ________ ありません。

3 これは 高橋(たかはし)さんからの プレゼントです。
これは 幸運(こううん)の シンボル________です。

B 다음 내용을 듣고 질문에 대한 답으로 올바른 것을 고르세요.

1

2

정답	① ② ③

정답	① ② ③

漢字・カタカナ練習

한 자 다음 한자를 읽고 따라 써 보세요.

計
셀 **계**

時計
と　けい
시계

時計
と　けい

보기 計画(けいかく) 계획, 合計(ごうけい) 합계

書
글 **서**

辞書
じ　しょ
사전

辞書
じ　しょ

보기 書類(しょるい) 서류, 報告書(ほうこくしょ) 보고서

電
번개 **전**

電話
でん　わ
전화

電話
でん　わ

보기 電気(でんき) 전기, 電子(でんし) 전자

가타카나 다음 가타카나를 읽고 따라 써 보세요.

ペン
pen 펜

ペン

ペン

プレゼント
present 선물

プレゼント

プレゼント

会話復習

회화 복습

Track 19

다음의 『会話(かいわ)/회화』 스크립트를 보면서 복습해 보세요.

4과 今(いま) 何時(なんじ)ですか。

지금 몇 시입니까?

Track20

필수 문장 익히기

映画(えいが)は 何時(なんじ)から 何時(なんじ)までですか。 영화는 몇 시부터 몇 시까지입니까?

午後(ごご) 2時(にじ)から 4時(よじ)までです。 오후 2시부터 4시까지입니다.

KEY WORD

学校(がっこう)
학교

会社(かいしゃ)
회사

銀行(ぎんこう)
은행

映画(えいが)
영화

勉強(べんきょう)
공부

郵便局(ゆうびんきょく)
우체국

会議(かいぎ)
회의

スーパー
슈퍼

バイト
아르바이트

会話

방학 중에 세민이가 상하이에 있는 링과 전화 통화를 합니다.

WORD

- もしもし 여보세요
- お元気(げんき)ですか 잘 지내십니까
- おかげさまで 덕분에
- 今(いま) 지금
- もう 벌써, 이미
- まだ 아직
- シャンハイ(上海) 상하이
- ～ですが ~입니다만
- 休(やす)み 방학, 휴가
- 来週(らいしゅう) 다음 주
- ～まで ~까지
- ～じゃ ないですか ~이(가) 아니에요?, 아닙니까?
- でも 그렇지만
- 明日(あした) 내일
- ～から ~부터
- バイト(arbeit) アルバイト(아르바이트)의 줄임말
- 何時(なんじ) 몇 시
- ～時(じ) ~시
- ～分(ふん, ぷん) ~분
- 東京(とうきょう) 도쿄

Track 21

キム　もしもし、リンさん? キム・セミンです。

リン　あ～、キムさん。お元気(げんき)ですか。

キム　はい、おかげさまで。私(わたし)は 今(いま) 日本(にほん)です。

リン　えっ、もうですか。私(わたし)は まだ シャンハイですが……。
休(やす)みは 来週(らいしゅう)までじゃ ないですか。

キム　はい。でも、明日(あした)から バイトなんです。
シャンハイは 今(いま) 何時(なんじ)ですか。

リン　4時(よじ) 30分(さんじゅっぷん)です。東京(とうきょう)は?

キム　東京(とうきょう)は 5時(ごじ) 30分(さんじゅっぷん)ですよ。

Tip

「よ」는 회화에서 문장 끝에 붙여 「～よ, ～ですよ」 형태로 사용되는데, 자신의 의견에 대한 강조 또는 상대방이 모르는 것에 대해 알려주는 뉘앙스를 갖고 있습니다.
본 과의 본문에서도 도쿄의 현재 시각에 대해서 알려주는 뉘앙스로 쓰였기 때문에 「よ」가 붙게 된 것입니다.

文法まとめ

01 숫자 읽기 ①

0	ぜろ	6	ろく
1	いち	7	しち・なな
2	に	8	はち
3	さん	9	きゅう・く
4	し・よん・よ	10	じゅう
5	ご	11	じゅういち

02 시간 표현

1. 〜時(じ) 〜시

1時	いちじ	7時	しちじ
2時	にじ	8時	はちじ
3時	さんじ	9時	くじ
4時	よじ	10時	じゅうじ
5時	ごじ	11時	じゅういちじ
6時	ろくじ	12時	じゅうにじ
何時 なんじ 몇 시			

2. 〜分(ふん) 〜분

1분 단위		5분 단위	
1分	いっぷん	5分	ごふん
2分	にふん	10分	じゅっぷん
3分	さんぷん	15分	じゅうごふん
4分	よんぷん	20分	にじゅっぷん
5分	ごふん	25分	にじゅうごふん
6分	ろっぷん	30分	さんじゅっぷん
7分	ななふん	35分	さんじゅうごふん
8分	はっぷん	40分	よんじゅっぷん
9分	きゅうふん	45分	よんじゅうごふん
10分	じゅっぷん	50分	ごじゅっぷん
		55分	ごじゅうごふん
何分 なんぷん 몇 분			

文法まとめ

03 시간을 나타내는 표현

～前 ～전	半 반, 30분	ちょうど 정각
예 1時 5分前 1시 5분 전	예 7時半 7시 반(7시 30분)	예 ちょうど 9時 정각 9시

04 ～ですが ～입니다만

学校の 休みは 来週までですが。

私は 学生ですが、木村さんは 会社員です。

青木さんの 会社は 8時からですが、私の 会社は 9時からです。

05 ～から ～まで ～부터 ～까지

会議は 午前 10時から 午後 1時までです。

バイトは 午後 4時から 9時までです。

昼休みは 何時から 何時までですか。

06 ～じゃ ないですか ～이(가) 아니에요?, 아닙니까?

この 映画(えいが)は 2時間(にじかん)じゃ ないですか。

日本語(にほんご)の 勉強(べんきょう)は 明日(あした)からじゃ ないですか。

日本(にほん)の 銀行(ぎんこう)は 3時(さんじ)までじゃ ないですか。

WORD

- 学校(がっこう) 학교
- 休(やす)み 휴일, 휴가
- 来週(らいしゅう) 다음 주
- 会議(かいぎ) 회의
- 午前(ごぜん) 오전
- 午後(ごご) 오후
- バイト(arbeit) 아르바이트
- 昼休(ひるやす)み 점심 시간
- 何時(なんじ) 몇 시
- 映画(えいが) 영화
- 2時間(にじかん) 2시간
- 勉強(べんきょう) 공부
- 銀行(ぎんこう) 은행

話してみましょう

그림을 보고 예와 같이 말해 보세요.

1

예

1시 5분

A : 今 何時ですか。

B : 1時 5分です。

1

1시 10분

2

2시 15분

3

3시 20분

4

4시 25분

5

5시 30분

6

6시 35분

7

7시 40분

8

8시 45분

9

12시 5분

2

예

会社(かいしゃ)
am 9 : 00 ～ pm 6 : 00

A : 会社(かいしゃ)は 何時(なんじ)から 何時(なんじ)までですか。

B : 午前(ごぜん) 9時(くじ)から 午後(ごご) 6時(ろくじ)までです。

1

学校(がっこう)
am 8 : 30 ～ pm 5 : 00

2

銀行(ぎんこう)
am 9 : 00 ～ pm 3 : 00

3

会議(かいぎ)
am 11 : 00 ～ pm 1 : 00

3

예

休(やす)み, 明日(あした)

休(やす)みは 明日(あした)からじゃ ないですか。

休(やす)みは 明日(あした)までじゃ ないですか。

1

映画(えいが), 5時(じ)

2

祭(まつ)り, 来週(らいしゅう)

3

バイト, 12時(じ)

WORD

- 会社(かい しゃ) 회사
- 学校(がっ こう) 학교
- 銀行(ぎん こう) 은행
- 会議(かい ぎ) 회의
- 休(やす)み 휴일, 휴가
- 映画(えい が) 영화
- 祭(まつ)り 축제
- 来週(らい しゅう) 다음 주
- バイト(arbeit) 아르바이트

読んでみましょう

읽어 봅시다

1 다음 내용을 큰 소리로 천천히 읽어 보세요.

Track 22

リンさんは / 中国人(ちゅうごくじん)の 留学生(りゅうがくせい)です。/

彼女(かのじょ)は / 私(わたし)の 友達(ともだち)ですが、/ 私(わたし)の クラスじゃ ありません。/

私(わたし)の クラスは / 午前(ごぜん)9時(くじ)からですが、/ 彼女(かのじょ)の クラスは / 午後(ごご)1時(いちじ)からです。/

私(わたし)の / 学校(がっこう)の 休(やす)みは / 来週(らいしゅう)までです。/

リンさんは 再来週(さらいしゅう)から / バイトですが、/ 私(わたし)は 明日(あした)から / バイトです。/

2 다음 내용을 실제 속도로 읽어 보세요.

Track 23

リンさんは中国人の留学生です。

彼女は私の友達ですが、私のクラスじゃありません。

私のクラスは午前9時からですが、彼女のクラスは午後1時からです。

私の学校の休みは来週までです。

リンさんは再来週からバイトですが、私は明日からバイトです。

WORD

- **留学生**(りゅう がく せい) 유학생
- **彼女**(かの じょ) 그녀
- **友達**(とも だち) 친구
- **～ですが** ~입니다만
- **クラス**(class) 반, 학급
- **～から** ~부터
- **～まで** ~까지
- **再来週**(さ らい しゅう) 다음다음 주
- **バイト**(arbeit) 아르바이트

書いてみましょう

써 봅시다

다음 예와 같이 일본어로 써 보세요.

1

예

4시 15분

A : 今(いま) 何時(なんじ)ですか。

B : よじ じゅうごふんです。

1

7시 40분

2

10시 25분

_______________です。 _______________です。

2

예

am 11 : 00 ～ pm 1 : 00

A : テストは 何時(なんじ)から 何時(なんじ)までですか。

B : 午前(ごぜん) 11時(じゅういちじ)から 午後(ごご) 1時(いちじ)までです。

1

am 9 : 00 ～ pm 4 : 00

A : 郵便局(ゆうびんきょく)は 何時(なんじ)から 何時(なんじ)までですか。

B : ________から ________までです。

2

am 10 : 00 ～ pm 7 : 30

A : スーパーは 何時(なんじ)から 何時(なんじ)までですか。

B : ________から ________までです。

WORD

- テスト(test) 시험
- 郵便局(ゆう びん きょく) 우체국
- スーパー(supermarket) 슈퍼

聞いてみましょう

들어 봅시다

A 잘 듣고 밑줄 친 부분에 써 보세요.

Track 24

1 日本(にほん)は 今(いま) ＿＿＿＿＿＿＿＿＿＿ です。

2 学校(がっこう)の 休(やす)みは ＿＿＿＿＿＿＿ までじゃ ないですか。

3 木村(きむら)さんの 会社(かいしゃ)は 午前(ごぜん) ＿＿＿＿＿ から 午後(ごご) ＿＿＿＿＿ までです。

B 다음 내용을 듣고 질문에 대한 답으로 올바른 것을 고르세요.

1

2

정답	① ② ③

정답	① ② ③

漢字・カタカナ練習

한 자 다음 한자를 읽고 따라 써 보세요.

한자	단어	따라 쓰기	
行 갈 행	銀行 ぎん こう 은행	銀行 ぎん こう	

보기 行動(こうどう) 행동, 孝行(こうこう) 효행

한자	단어	따라 쓰기	
映 비칠 영	映画 えい が 영화	映画 えい が	

보기 映像(えいぞう) 영상, 上映(じょうえい) 상영

한자	단어	따라 쓰기	
議 의논할 의	会議 かい ぎ 회의	会議 かい ぎ	

보기 議会(ぎかい) 의회, 議員(ぎいん) 의원

가타카나 다음 가타카나를 읽고 따라 써 보세요.

가타카나	따라 쓰기	따라 쓰기	
スーパー supermarket 슈퍼	スーパー	スーパー	

가타카나	따라 쓰기	따라 쓰기	
バイト arbeit 아르바이트	バイト	バイト	

Track 25

다음의 『会話(かいわ)/회화』 스크립트를 보면서 복습해 보세요.

5과 いくらですか。

얼마입니까?

Track 26

필수 문장 익히기

今日(きょう)の おすすめは 何(なん)ですか。 오늘의 추천 요리는 무엇입니까?

今日(きょう)は 牛丼(ぎゅうどん)です。 오늘은 규동(쇠고기덮밥)입니다.

KEY WORD

料理(りょうり)
요리

店(みせ)
가게

食事(しょくじ)
식사

靴(くつ)
구두

弁当(べんとう)
도시락

メニュー
메뉴

ハンバーガー
햄버거

コーヒー
커피

ケーキ
케이크

会話

세민이가 친구와 함께 일본 불고깃집에 갔습니다.

WORD

- 焼肉屋(やきにくや)で 불고깃집에서
- いらっしゃいませ 어서 오십시오
- あの、すみません 저, 실례합니다
- 今日(きょう) 오늘
- おすすめ 추천, 추천 요리
- カルビ 갈비
- いくらですか 얼마입니까
- 1人前(いちにんまえ) 1인분
- 2人前(ににんまえ) 2인분
- それから 그리고
- キムチ 김치
- ～と ～와(과)
- たまねぎ 양파
- ～も ～도
- ください 주십시오
- 食事後(しょくじご) 식사 후
- 合計(ごうけい) 합계
- え！ 엣!
- ～が ～이(가)

Track 27

(焼肉屋(やきにくや)で)

店員(てんいん) いらっしゃいませ。

キム あの、すみません。今日(きょう)の おすすめは 何(なん)ですか。

店員(てんいん) 今日(きょう)は カルビです。

キム そうですか。いくらですか。

店員(てんいん) 1人前(いちにんまえ)、490円(よんひゃくきゅうじゅうえん)です。

キム じゃ、2人前(ににんまえ) お願(ねが)いします。

それから、キムチと たまねぎも ください。

店員(てんいん) はい。

(食事後(しょくじご))

店員(てんいん) カルビ 2人前(ににんまえ)は 980円(きゅうひゃくはちじゅうえん)、キムチと たまねぎは 320円(さんびゃくにじゅうえん)、

合計(ごうけい) 1,300円(せんさんびゃくえん)です。

キム え! キムチが 320円(さんびゃくにじゅうえん)?

Tip

보통 식사를 주문하면 주문한 음식과 반찬이 같이 나오지만, 일본 음식점에서는 김치를 비롯한 반찬들도 각각 돈을 내야 합니다. 또한, 계산할 땐 메뉴판에 있는 가격 옆에 적힌 세금을 포함한 가격으로 내는 것도 알아 두세요.

文法まとめ

01 숫자 읽기 ②

1 いち	10 じゅう	100 ひゃく	1,000 せん	10,000 いちまん
2 に	20 にじゅう	200 にひゃく	2,000 にせん	20,000 にまん
3 さん	30 さんじゅう	300 さんびゃく	3,000 さんぜん	30,000 さんまん
4 よん・し	40 よんじゅう	400 よんひゃく	4,000 よんせん	40,000 よんまん
5 ご	50 ごじゅう	500 ごひゃく	5,000 ごせん	50,000 ごまん
6 ろく	60 ろくじゅう	600 ろっぴゃく	6,000 ろくせん	60,000 ろくまん
7 なな・しち	70 ななじゅう	700 ななひゃく	7,000 ななせん	70,000 ななまん
8 はち	80 はちじゅう	800 はっぴゃく	8,000 はっせん	80,000 はちまん
9 きゅう・く	90 きゅうじゅう	900 きゅうひゃく	9,000 きゅうせん	90,000 きゅうまん
10 じゅう	100 ひゃく	1,000 せん	10,000 いちまん	100,000 じゅうまん

02 ～人前(にんまえ) ～인분

ラーメン 1人前(いちにんまえ) お願(ねが)いします。

牛丼(ぎゅうどん) 2人前(ににんまえ) お願(ねが)いします。

豚(とん)カツ 3人前(さんにんまえ) ください。

03 ～と ～와(과)

日本語(にほんご)の 本(ほん)と 英語(えいご)の 本(ほん)は 1,200円(せんにひゃくえん)です。

木村(きむら)さんと 高橋(たかはし)さんは 友達(ともだち)です。

コーヒーと コーラも ください。

WORD

- ラーメン 라면
- 牛丼(ぎゅうどん) 쇠고기덮밥
- 豚(とん)カツ 돈가스
- 英語(えいご) 영어
- 友達(ともだち) 친구
- コーヒー(coffee) 커피
- コーラ(cola) 콜라

話してみましょう

그림을 보고 예와 같이 말해 보세요.

1

예 A : お茶は いくらですか。
　 B : １５０円です。(ひゃくごじゅう えん)

회화 연습을 할 때 같은 가격은「～も(～도)」를 활용해서 연습해 보세요.
예 アイスコーヒーも 130円(ひゃく さん じゅう えん)です。 아이스 커피도 130엔입니다.

Tip

WORD

- お茶(ちゃ) 차
- コーラ(cola) 콜라
- グレープジュース(grape juice) 포도 주스
- オレンジジュース(orange juice) 오렌지 주스
- お水(みず) 물, 생수
- 紅茶(こうちゃ) 홍차
- アイスココア(ice cocoa) 아이스 코코아
- アイスコーヒー(ice coffee) 아이스 커피

2

예1 A : チキンバーガーは いくらですか。

さんびゃくにじゅう えん
B : 3 2 0 円です。

예2 A : チキンバーガーと フライドポテトを ください。

ごうけい よんひゃくよんじゅう えん
B : 合計 4 4 0 円です。

WORD

- 合計(ごう けい) 합계
- チキンバーガー(chicken burger) 치킨버거
- えびバーガー 새우버거
- チーズバーガー(cheese burger) 치즈버거
- サラダ(salad) 샐러드
- フライドポテト(fried potato) 감자 튀김
- ミルクシェーク(milk shake) 밀크 셰이크
- アイスクリーム(ice cream) 아이스크림

読んでみましょう 읽어 봅시다

1 다음 내용을 큰 소리로 천천히 읽어 보세요. Track 28

この 店(みせ)は / 焼肉屋(やきにくや)です。/

店(みせ)の 名前(なまえ)は /「いちばん」です。/

「いちばん」の 料理(りょうり)は / おいしいです。/ これは / メニューです。/

今日(きょう)の おすすめは / カルビです。/

カルビ １人前(いちにんまえ)は / ４９０円(よんひゃくきゅうじゅうえん)、/ ２人前(ににんまえ)は / ９８０円(きゅうひゃくはちじゅうえん)です。/

それから、/ キムチは ３３０円(さんびゃくさんじゅうえん)、/ たまねぎは ２９０円(にひゃくきゅうじゅうえん)です。/

2 다음 내용을 실제 속도로 읽어 보세요. Track29

この店は焼き肉屋です。

店の名前は「いちばん」です。

「いちばん」の料理はおいしいです。これはメニューです。

今日のおすすめはカルビです。

カルビ１人前は490円、２人前は980円です。

それから、キムチは330円、たまねぎは290円です。

WORD

- 店(みせ) 가게
- 焼肉屋(やきにくや) 불고깃집
- 名前(なまえ) 이름
- いちばん 1번, 최고
- 料理(りょうり) 요리
- おいしいです 맛있습니다
- メニュー 메뉴
- おすすめ 추천, 추천 요리
- カルビ 갈비
- １人前(いちにんまえ) 1인분
- ２人前(ににんまえ) 2인분
- それから 그리고
- キムチ 김치
- たまねぎ 양파

書いてみましょう

써 봅시다

다음 예와 같이 일본어로 써 보세요.

1

예

弁当(べんとう)・550円(えん)

A : 弁当(べんとう)は いくらですか。

B : ごひゃくごじゅう 円(えん)です。

1

ラーメン・600円(えん)

A : ________________はいくらですか。

B : ______________________円(えん)です。

2

お好(この)み焼(や)き・850円(えん)

A : ________________はいくらですか。

B : ______________________円(えん)です。

3

すしセット・2,500円(えん)

A : ________________はいくらですか。

B : ______________________円(えん)です。

4

靴(くつ)・6,000円(えん)

A : ________________はいくらですか。

B : ______________________円(えん)です。

5

デジカメ・23,000円(えん)

A : ________________はいくらですか。

B : ______________________円(えん)です。

WORD

- 弁当(べんとう) 도시락
- ラーメン 라면
- お好(この)み焼(や)き 오코노미야키(일본식 부침개)
- すしセット 초밥 세트
- デジカメ(digital camera) 디지털 카메라의 줄임말

聞いてみましょう

들어 봅시다

A 대화를 잘 듣고 밑줄 친 부분에 가격을 숫자로 써 보세요.

Track 30

1 チーズバーガーは ________________円(えん)です。

2 コーラは ________________円(えん)です。

3 チキンバーガーセットは ________________円(えん)です。

B 그림을 보고 질문에 대한 답으로 올바른 것을 고르세요.

1

コーラ
150円(えん)

コーヒー
230円(えん)

オレンジジュース
200円(えん)

2

チーズバーガー
270円(えん)

チキンバーガー
330円(えん)

정답	①	②	③

정답	①	②	③

한 자 다음 한자를 읽고 따라 써 보세요.

料 헤아릴 **료**	料理 りょう り 요리	料理 りょう り	

보기 無料(むりょう) 무료, 料金(りょうきん) 요금

食 먹을 **식**	食事 しょく じ 식사	食事 しょく じ	

보기 食料(しょくりょう) 식료, 食堂(しょくどう) 식당

当 마땅할 **당**	弁当 べん とう 도시락	弁当 べん とう	

보기 当日(とうじつ) 당일, 適当(てきとう) 적당

가타카나 다음 가타카나를 읽고 따라 써 보세요.

コーヒー coffee 커피	コーヒー	コーヒー	

メニュー menu 메뉴	メニュー	メニュー	

Track 31

다음의 『会話(かいわ)/회화』 스크립트를 보면서 복습해 보세요.

6과 お誕生日(たんじょうび)は いつですか。

생일이 언제입니까?

Track 32

필수 문장 익히기

お誕生日(たんじょうび)は いつですか。 생일이 언제입니까?

6月(ろくがつ) 4日(よっか)です。 6월 4일입니다.

KEY WORD

誕生日(たんじょうび)
생일

食(た)べ物(もの)
음식

海(うみ)
바다

食堂(しょくどう)
식당

友達(ともだち)
친구

子供(こども)
아이

祭(まつ)り
축제

テスト
시험

コンサート
콘서트

会話

유키가 다니엘에게 생일에 대해서 물어보고 있습니다.

WORD

- お誕生日(たんじょうび) 생일 (お는 상대방에 대한 정중의 의미를 나타내는 접두어)
- いつ 언제
- 今日(きょう) 오늘
- おめでとうございます 축하합니다
- 海(うみ)の日(ひ) 바다의 날
- ～なんです ~입니다, ~이거든요
- 前(まえ)は 전에는
- ～でしたが ~이었습니다만
- 第３月曜日(だいさんげつようび) 셋째 주 월요일
- へえ 에~
- そうなんですか 그렇습니까 (そうですか의 회화체 표현)

Track 33

山下(やました)　ダニエルさん、お誕生日(たんじょうび)は いつですか。

ダニエル　4月(しがつ) 20日(はつか)です。

山下(やました)　え! 今日(きょう)ですか。お誕生日(たんじょうび)、おめでとうございます。

ダニエル　あ、すみません。7月(しちがつ) 20日(はつか)です。

私(わたし)の 誕生日(たんじょうび)は 日本(にほん)の 「海(うみ)の日(ひ)」 なんです。

山下(やました)　あ、「海(うみ)の日(ひ)」 は 前(まえ)は 7月(しちがつ) 20日(はつか)でしたが、

今(いま)は 7月(しちがつ)の 第3月曜日(だいさんげつようび)ですよ。

ダニエル　へえ、そうなんですか。

Tip

일본에서는 2000년부터 공휴일에 관한 법률이 개정되어 해피먼데이(ハッピーマンデー, happy monday)라는 제도가 도입되었는데요. 해피먼데이는 「성년의 날」을 1월 둘째 주 월요일로, 「체육의 날」을 10월 둘째 주 월요일로, 2003년부터는 「바다의 날」을 7월 셋째 주 월요일로, 「경로의 날」을 9월 셋째 주 월요일로 해서 토, 일, 월 3일을 연속으로 쉴 수 있게 하여 공휴일을 늘리지 않으면서도 국민의 여가를 창출시킬 수 있는 제도입니다.

文法まとめ

01 날짜

1. 日付(ひづけ) 날짜

7

6

日	月	火	水	木	金	土
					1	2
3	4	5	6	7	8	9
10	11	12	13	14	15	16
17	18	19	20	21	22	23
24	25	26	27	28	29	30

8

日	月	火	水	木	金	土
			1	2	3	4
5	6	7	8	9	10	11
12	13	14	15	16	17	18
19	20	21	22	23	24	25
26	27	28	29	30	31	

日曜日(にちようび)	月曜日(げつようび)	火曜日(かようび)	水曜日(すいようび)	木曜日(もくようび)	金曜日(きんようび)	土曜日(どようび)
1 ついたち	2 ふつか	3 みっか	4 よっか	5 いつか	6 むいか	7 なのか
8 ようか	9 ここのか	10 とおか	11 じゅういちにち	12 じゅうににち	13 じゅうさんにち	14 じゅうよっか
15 じゅうごにち	16 じゅうろくにち	17 じゅうしちにち	18 じゅうはちにち	19 じゅうくにち	20 はつか	21 にじゅういちにち
22 にじゅうににち	23 にじゅうさんにち	24 にじゅうよっか	25 にじゅうごにち	26 にじゅうろくにち	27 にじゅうしちにち	28 にじゅうはちにち
29 にじゅうくにち	30 さんじゅうにち	31 さんじゅういちにち	何日 なんにち 며칠	何曜日 なんようび 무슨 요일		

2. ～年(ねん) ～년

1年 いちねん	2年 にねん	3年 さんねん	4年 よねん	5年 ごねん	6年 ろくねん
7年 ななねん	8年 はちねん	9年 きゅうねん	10年 じゅうねん	11年 じゅういちねん	12年 じゅうにねん
何年 なんねん 몇 년					

3. ～月(がつ) ～월

1月 いちがつ	2月 にがつ	3月 さんがつ	4月 しがつ	5月 ごがつ	6月 ろくがつ
7月 しちがつ	8月 はちがつ	9月 くがつ	10月 じゅうがつ	11月 じゅういちがつ	12月 じゅうにがつ
何月 なんがつ 몇 월					

4. 시제 관련 표현

一昨日 おととい 그저께	昨日 きのう 어제	今日 きょう 오늘	明日 あした 내일	明後日 あさって 모레
先々週 せんせんしゅう 지지난 주	先週 せんしゅう 지난주	今週 こんしゅう 이번 주	来週 らいしゅう 다음 주	再来週 さらいしゅう 다음다음 주

文法まとめ

02 いつ 언제

山本さんの 誕生日は いつですか。

「子供の日」は いつですか。

日本の ゴールデンウィークは いつから いつまでですか。

일본에서는 4월 말에서 5월 초에 걸쳐 1주일 정도의 연휴가 있는데, 이것을 골든위크(ゴールデンウィーク, golden+week)라고 합니다. 정해진 공휴일을 중심으로 앞뒤 날짜나 주말 대체휴일 등을 포함해서 연휴로 1주일 정도 쉴 수 있습니다.

03 명사 + でしたが、 ~이었습니다만,

昨日までは 夏休みでしたが、今日からは バイトです。

昨日は 青木さんの 誕生日でしたが、今日は 私の 誕生日です。

「成人の日」は 前は 1月 15日でしたが、今は 1月の 第2月曜日です。

04 第3月曜日(だいさんげつようび) 셋째 주 월요일

10月(じゅうがつ)の 第2月曜日(だいにげつようび)は 日本(にほん)の「体育(たいいく)の日(ひ)」です。

3月(さんがつ)の 第3月曜日(だいさんげつようび)は 学校(がっこう)の 休(やす)みです。

日本(にほん)の「母(はは)の日(ひ)」は 5月(ごがつ)の 第2日曜日(だいにちようび)です。

* 요일

月曜日 げつようび	火曜日 かようび	水曜日 すいようび	木曜日 もくようび	金曜日 きんようび	土曜日 どようび	日曜日 にちようび
何曜日 なんようび						

WORD

- 誕生日(たんじょうび) 생일
- 子供(こども)の日(ひ) 어린이날
- ゴールデンウィーク (golden+week) 골든위크
- 夏休(なつやす)み 여름휴가
- バイト(arbeit) アルバイト(아르바이트)의 준말
- 成人(せいじん)の日(ひ) 성인의 날
- 前(まえ)は 전에는
- 体育(たいいく) 체육
- 学校(がっこう) 학교
- 母(はは)の日(ひ) 어머니의 날

話してみましょう

그림을 보고 예와 같이 말해 보세요.

1

예 A : リンさんの 誕生日(たんじょうび)は いつですか。

B : 5月 24日(ごがつ にじゅうよっか)です。

5月

日	月	火	水	木	金	土
		1 森先生(もりせんせい)の 誕生日(たんじょうび)	2	3	4	5 子供(こども)の日(ひ)
6	7	8	9 日本語(にほんご)の テスト	10	11	12
13 母(はは)の日(ひ)	14	15	16	17	18	19
20	21	22	23	24 예 リンさんの 誕生日(たんじょうび)	25	26
27	28	29 学校(がっこう)の 休(やす)み	30	31		

WORD

- 誕生日(たん じょう び) 생일
- テスト(test) 시험
- 学校(がっ こう) 학교
- 子供(こ ども) 아이, 어린이
- 母(はは)の日(ひ) 어머니의 날
- 休(やす)み 휴일

2

예1 A : 今日(きょう)は 何月(なんがつ) 何日(なんにち) 何曜日(なんようび)ですか。
B : 今日(きょう)は 9月(くがつ) 3日(みっか) 火曜日(かようび)です。

예2 A : 昨日(きのう)は 何月(なんがつ) 何日(なんにち) 何曜日(なんようび)でしたか。
B : 昨日(きのう)は 9月(くがつ) 2日(ふつか) 月曜日(げつようび)でした。

★ 9月(くがつ)

昨日(きのう) 예2 / 今日(きょう) 예1

日	月	火	水	木	金	土
1	2	3	4	5	6	7

Tip

一昨日(おととい) - 昨日(きのう) - 今日(きょう) - 明日(あした) - 明後日(あさって)
그저께 어제 오늘 내일 모레

3 다음 날짜를 자신 있게 일본어로 말해 보세요.

1. 1976년 1월 12일
2. 1983년 2월 9일
3. 2010년 6월 4일
4. 2014년 12월 24일

読んでみましょう

읽어 봅시다

1 다음 내용을 큰 소리로 천천히 읽어 보세요.

Track 34

今日(きょう)は / 4月(しがつ)20日(はつか) / 金曜日(きんようび)です。 /

今日(きょう)は / 私(わたし)の 誕生日(たんじょうび)です。 /

それから、 / 高橋(たかはし)さんの 誕生日(たんじょうび)も / 今日(きょう)です。 /

高橋(たかはし)さんは / 学校(がっこう)の 友達(ともだち)です。 /

これは / 私(わたし)と 高橋(たかはし)さんの / 写真(しゃしん)です。 /

高橋(たかはし)さんは / 私(わたし)の 親友(しんゆう)です。 /

2 다음 내용을 실제 속도로 읽어 보세요.

Track 35

今日は4月20日金曜日です。

今日は私の誕生日です。

それから、高橋さんの誕生日も今日です。

高橋さんは学校の友達です。

これは私と高橋さんの写真です。

高橋さんは私の親友です。

WORD

- 今日(きょう) 오늘
- 誕生日(たんじょうび) 생일
- 学校(がっこう) 학교
- 友達(ともだち) 친구
- 写真(しゃしん) 사진
- 親友(しんゆう) 친한 친구

書いてみましょう

써 봅시다

다음 예와 같이 일본어로 써 보세요.

1

예

テスト, 4月1日～3日

A : テストは いつから いつまでですか。

B : しがつ ついたち から みっかまでです。

1

旅行(りょこう), 1月10日～15日

A : ＿＿＿＿＿＿＿は いつから いつまでですか。

B : ＿＿＿＿＿＿＿＿＿＿＿＿から

＿＿＿＿＿＿＿＿＿＿＿＿までです。

2

夏休(なつやす)み, 7月14日～8月20日

A : ＿＿＿＿＿＿＿は いつから いつまでですか。

B : ＿＿＿＿＿＿＿＿＿＿＿＿から

＿＿＿＿＿＿＿＿＿＿＿＿までです。

3

祭(まつ)り, 9月4日～8日

A : ＿＿＿＿＿＿＿は いつから いつまでですか。

B : ＿＿＿＿＿＿＿＿＿＿＿＿から

＿＿＿＿＿＿＿＿＿＿＿＿までです。

4

コンサート,
12月24日～31日

A : ＿＿＿＿＿＿＿は いつから いつまでですか。

B : ＿＿＿＿＿＿＿＿＿＿＿＿から

＿＿＿＿＿＿＿＿＿＿＿＿までです。

WORD

- 旅行(りょこう) 여행
- 夏休(なつやす)み 여름휴가, 여름방학
- 祭(まつ)り 축제
- コンサート 콘서트

聞いてみましょう

들어 봅시다

A 잘 듣고 밑줄 친 부분에 날짜 또는 요일을 써 보세요.

Track 36

1. 私(わたし)の誕生日(たんじょうび)は ______________________ です。

2. 学校(がっこう)の休(やす)みは ______________________ です。

3. テストは ____________ から ____________ までです。

B 다음 달력을 보고 질문에 대한 답으로 올바른 것을 고르세요.

★1月

日	月	火	水	木	金	土
		1	2	3	4 山下(やました)さんの誕生日(たんじょうび)	5
6	7	8 休(やす)み	9	10 ←テスト	11 テスト	12 テスト→
13	14	15	16	17	18	19
20	21	22 ←学校の祭り	23 学校(がっこう)の祭(まつ)り	24 学校の祭り→	25	26
27	28	29	30	31		

1. 정답 ① ② ③

2. 정답 ① ② ③

漢字・カタカナ練習

한 자 다음 한자를 읽고 따라 써 보세요.

日 날 일	誕生日 たん じょう び 생일	誕生日 たん じょう び	

보기 記念日(きねんび) 기념일, 月曜日(げつようび) 월요일

堂 집 당	食堂 しょく どう 식당	食堂 しょく どう	

보기 講堂(こうどう) 강당, 堂々(どうどう) 당당

友 벗 우	友達 とも だち 친구	友達 とも だち	

보기 竹馬(ちくば)の友(とも) 죽마지우

가타카나 다음 가타카나를 읽고 따라 써 보세요.

テスト test 시험	テスト	テスト	
コンサート concert 콘서트	コンサート	コンサート	

会話復習

회화 복습

Track 37

다음의 『会話(かいわ)/회화』 스크립트를 보면서 복습해 보세요.

7과 今日(きょう)は いい 天気(てんき)ですね。

오늘은 날씨가 좋네요.

Track 38

필수 문장 익히기

旅行(りょこう)は どうでしたか。 여행은 어땠습니까?

とても 楽(たの)しかったです。 참 즐거웠습니다.

KEY WORD

 旅行(りょこう) 여행	 授業(じゅぎょう) 수업	 買(か)い物(もの) 쇼핑
 春(はる) 봄	 夏(なつ) 여름	 秋(あき) 가을
 冬(ふゆ) 겨울	 レストラン 레스토랑	 デパート 백화점

会話

세민이가 유키에게 얼마 전 다녀온 괌 여행에 대해 물어보고 있습니다.

WORD

- いい天気(てんき)ですね 날씨가 좋네요
- でも 하지만
- ～より ～보다
- あまり 별로, 그다지
- 暑(あつ)い 덥다
- この間(あいだ) 얼마 전, 요전번
- グアム(Guam) 괌
- 旅行(りょこう) 여행
- どうでしたか 어땠습니까
- とても楽(たの)しかったです 참 즐거웠습니다
- 食(た)べ物(もの) 음식
- おいしい 맛있다
- 安(やす)い 싸다
- それは よかったですね 그거 잘됐네요
- それに 게다가
- お店(みせ) 가게
- どこも 어디나
- 免税(めんぜい) 면세
- やっぱり 역시
- 買(か)い物(もの)天国(てんごく) 쇼핑 천국

회화

Track 39

山下(やました) 今日(きょう)は いい 天気(てんき)ですね。

キム ええ、そうですね。

でも、昨日(きのう)より あまり 暑(あつ)く ありませんね。

山下(やました)さん、この間(あいだ)の グアム旅行(りょこう)は どうでしたか。

山下(やました) とても 楽(たの)しかったです。

食(た)べ物(もの)も おいしくて 安(やす)かったです。

キム それは よかったですね。

山下(やました) それに お店(みせ)は どこも 免税(めんぜい)でした。

やっぱり グアムは 買(か)い物天国(ものてんごく)ですね。

Tip

「ね」는 상대방도 알고 있다 판단하여 말하는 뉘앙스로 상대방에게 동의를 구하고자 할 때 「～ね，～ですね」 형태로 자주 쓰입니다. 한편, 상황상 「ね」를 붙이는 것과 붙이지 않는 것에 따라 의미가 달라지는 경우가 있습니다. 예를 들어, 커피를 마시겠느냐는 질문을 받았을 때 「いい」라고 하면 '됐다, 안 마신다'라는 의미가 되고, 「いいね」라고 하면 '좋은데~, 마시겠다'의 의미가 되므로 유의하시기 바랍니다.

文法まとめ

01 い형용사의 활용

종류	활용	예
기본형	～い	やすい 싸다
정중형	～い＋です	やすいです 쌉니다
명사 수식형	～い＋명사	やすい 時計(とけい) 싼 시계
과거형	～い＋かったです	やすかったです 쌌습니다
부정형	～い＋く ありません ＝く ないです	やすく ありません 싸지 않습니다 やすく ないです
과거 부정형	～い＋く ありませんでした ＝く なかったです	やすく ありませんでした 싸지 않았습니다 やすく なかったです
부사형	～い＋く	やすく 싸게
연결형	～い＋くて	やすくて 싸고, 싸서

02 「いい (=よい) 좋다」의 활용

종류	よい 활용	いい 활용
기본형	よい (○)	いい (○)
정중형	よいです (○)	いいです (○)
명사 수식형	よい 時計(とけい) (○)	いい 時計(とけい) (○)
과거형	よかったです (○)	いかったです (×)
부정형	よく ありません (○) = よく ないです (○)	いく ありません (×) = いく ないです (×)
과거 부정형	よく ありませんでした (○) = よく なかったです (○)	いく ありませんでした (×) = いく なかったです (×)
부사형	よく (○)	いく (×)
연결형	よくて (○)	いくて (×)

文法まとめ

03 ～い + 명사 ～한 명사 (い형용사의 명사 수식)

かわいい 猫(ねこ)ですね。

本当(ほんとう)に おもしろい 映画(えいが)ですね。

とても 楽(たの)しい 旅行(りょこう)でした。

＊계절을 나타내는 형용사

暖(あたた)かい 春(はる) 따뜻한 봄

暑(あつ)い 夏(なつ) 더운 여름

涼(すず)しい 秋(あき) 서늘한 가을

寒(さむ)い 冬(ふゆ) 추운 겨울

WORD

- かわいい 귀엽다
- 猫(ねこ) 고양이
- 本当(ほんとう)に 정말로
- おもしろい 재미있다
- 映画(えいが) 영화
- とても 참, 매우
- 楽(たの)しい 즐겁다
- 旅行(りょこう) 여행

04 ～より ～보다

韓国(かんこく)より 1時間(いちじかん) 早(はや)いですね。

中国語(ちゅうごくご)は 英語(えいご)より 難(むずか)しいです。

今日(きょう)は 昨日(きのう)より 暑(あつ)いですね。

05 ～い+く ありません ～지 않습니다 (い형용사의 부정형)

今日(きょう)は あまり 寒(さむ)く ありません。

私(わたし)の 部屋(へや)は あまり 広(ひろ)く ありません。

日本語(にほんご)の 授業(じゅぎょう)は あまり 難(むずか)しく ありません。

WORD

- 1時間(いちじかん) 한 시간
- 早(はや)い 빠르다
- 難(むずか)しい 어렵다
- あまり 그다지, 별로
- 部屋(へや) 방
- 広(ひろ)い 넓다
- 授業(じゅぎょう) 수업

文法まとめ

06 ～い＋かったです　～했습니다 (い형용사의 과거형)

日本旅行(にほんりょこう)は 楽(たの)しかったです。

天気(てんき)は とても よかったです。

その レストランの 料理(りょうり)は とても おいしかったです。

07 ～い＋くて　～하고, ～해서 (い형용사의 연결형)

この 店(みせ)は 安(やす)くて おいしいです。

佐藤(さとう)さんは 背(せ)が 高(たか)くて 優(やさ)しいです。

WORD

- 日本旅行(にほん りょこう) 일본 여행
- 楽(たの)しい 즐겁다
- 天気(てんき) 날씨
- レストラン(restaurant) 레스토랑
- 料理(りょうり) 요리
- 店(みせ) 가게
- 安(やす)い 싸다
- 背(せ)が 高(たか)い 키가 크다
- 優(やさ)しい 자상하다

* 필수 い형용사

高(たか)い ⇔ 安(やす)い
비싸다 싸다

広(ひろ)い ⇔ 狭(せま)い
넓다 좁다

おいしい ⇔ まずい
맛있다 맛없다

大(おお)きい ⇔ 小(ちい)さい
크다 작다

背(せ)が 高(たか)い ⇔ 背(せ)が 低(ひく)い
키가 크다 키가 작다

長(なが)い ⇔ 短(みじか)い
길다 짧다

近(ちか)い ⇔ 遠(とお)い
가깝다 멀다

多(おお)い ⇔ 少(すく)ない
많다 적다

話してみましょう

그림을 보고 예와 같이 말해 보세요.

1

旅行(りょこう), 楽(たの)しい

예1 A : 旅行(りょこう)は どうですか。

B : とても 楽(たの)しいです。

あまり 楽(たの)しく ありません。

예2 A : 旅行(りょこう)は どうでしたか。

B : とても 楽(たの)しかったです。

あまり 楽(たの)しく ありませんでした。

1

映画(えいが), おもしろい

2

テスト, 難(むずか)しい

3

デパートの サービス, いい

4

会社(かいしゃ), 忙(いそが)しい

WORD

- 楽(たの)しい 즐겁다
- 難(むずか)しい 어렵다
- サービス(service) 서비스
- テスト(test) 시험
- デパート 백화점
- 忙(いそが)しい 바쁘다

2

예

この 猫(ねこ) : 小(ちい)さい, かわいい

この 猫(ねこ)は 小(ちい)さくて かわいいです。

1

あの かばん : 赤(あか)い, 大(おお)きい

2

その 弁当(べんとう) : 安(やす)い, 量(りょう)が 多(おお)い

3

渡辺(わたなべ)さん : 髪(かみ)が 長(なが)い, かわいい

4

イさん : 背(せ)が 高(たか)い, かっこいい

WORD

- 小(ちい)さい 작다
- 赤(あか)い 빨갛다
- 大(おお)きい 크다
- 量(りょう)が 多(おお)い 양이 많다
- 髪(かみ)が 長(なが)い 머리가 길다
- 背(せ)が 高(たか)い 키가 크다
- かっこいい 멋지다

読んでみましょう

읽어 봅시다

1 다음 내용을 큰 소리로 천천히 읽어 보세요.

Track 40

この間の / グアム旅行は / とても 楽しかったです。/

グアム旅行は / はじめてです。/グアムは / 買い物天国でした。/

お店は どこも / 免税でした。/

それに 食べ物も / とても おいしくて / 安かったです。/

それから、グアムは / とても いい 天気でしたが、/

東京より / 暑かったです。/

2 다음 내용을 실제 속도로 읽어 보세요.

Track 41

この間のグアム旅行はとても楽しかったです。

グアム旅行ははじめてです。グアムは買い物天国でした。

お店はどこも免税でした。

それに食べ物もとてもおいしくて安かったです。

それから、グアムはとてもいい天気でしたが、

東京より暑かったです。

WORD

- **この間**(あいだ) 얼마 전, 요전번
- **グアム**(Guam) 괌
- **はじめて** 처음
- **買**(か)**い物**(もの)**天国**(てんごく) 쇼핑 천국
- **お店**(みせ) 가게
- **どこも** 어디나
- **免税**(めんぜい) 면세
- **それに** 게다가
- **食**(た)**べ物**(もの) 음식
- **それから** 그리고
- **～より** ～보다

書いてみましょう

써 봅시다

1 다음 예와 같이 일본어로 써 보세요.

기본형	예 おいしい 맛있다	大(おお)きい 크다	高(たか)い 비싸다	かわいい 귀엽다	いい 좋다
정중형	예 おいしいです 맛있습니다				
명사 수식형	예 おいしい りんご 맛있는 사과	机(つくえ) 책상	かばん 가방	猫(ねこ) 고양이	天気(てんき) 날씨
과거형	예 おいしかったです 맛있었습니다				
부정형	예 おいしく ありません おいしく ないです 맛있지 않습니다				
과거 부정형	예 おいしく ありませんでした おいしく なかったです 맛있지 않았습니다				
부사형	예 おいしく 맛있게				
연결형	예 おいしくて 맛있고				

「かわいい (귀엽다)」는 끝에 「い」 하나만 활용한다는 점에 주의하세요.

예 かわいく ありません (○) 귀엽지 않습니다
かわく ありません (×)

A 잘 듣고 밑줄 친 부분에 써 보세요.

Track 42

1 このレストランは ＿＿＿＿＿＿＿＿＿＿＿＿＿＿ です。

2 量(りょう)は あまり ＿＿＿＿＿ ありません。

3 サービスも とても ＿＿＿＿＿＿＿＿＿＿＿ です。

B 그림을 보고 내용과 알맞은 번호를 고르세요.

1

정답 ① ② ③

2

高橋(たかはし)　林(はやし)　山田(やまだ)

정답 ① ② ③

漢字・カタカナ練習

한 자 다음 한자를 읽고 따라 써 보세요.

漢字	단어	따라 쓰기	
旅 나그네 **여**	旅行 りょ こう 여행	旅行 りょ こう	

보기 旅館(りょかん) 여관, 旅費(りょひ) 여행경비

漢字	단어	따라 쓰기	
業 업 **업**	授業 じゅ ぎょう 수업	授業 じゅ ぎょう	

보기 卒業(そつぎょう) 졸업, 残業(ざんぎょう) 잔업

漢字	단어	따라 쓰기	
物 물건 **물**	買い物 かい もの 쇼핑	買い物 かい もの	

보기 食(た)べ物(もの) 음식, 飲(の)み物(もの) 음료

가타카나 다음 가타카나를 읽고 따라 써 보세요.

가타카나	따라 쓰기	따라 쓰기	
レストラン restaurant **레스토랑**	レストラン	レストラン	
デパート department store **백화점**	デパート	デパート	

会話復習

회화 복습

Track 43

다음의 『会話(かいわ)/회화』 스크립트를 보면서 복습해 보세요.

8과 どんなタイプが好(す)きですか。

어떤 타입을 좋아합니까?

Track 44

필수 문장 익히기

スポーツの 中(なか)で 何(なに)が 一番(いちばん) 好(す)きですか。

스포츠 중에서 무엇을 가장 좋아합니까?

野球(やきゅう)が 一番(いちばん) 好(す)きです。 야구를 가장 좋아합니다.

KEY WORD

 花(はな) 꽃	 部屋(へや) 방	 交通(こうつう) 교통
 街(まち) 거리	 写真(しゃしん) 사진	 果物(くだもの) 과일
 運動(うんどう) 운동	 スポーツ 스포츠	 ビル 빌딩

会話

링과 준이 일본 가수의 포스터를 보고 이야기를 하고 있습니다.

WORD

- 誰(だれ) 누구
- かっこいい 멋지다
- 有名(ゆう めい)だ 유명하다
- 歌手(か しゅ) 가수
- 歌(うた) 노래
- 上手(じょう ず)だ 잘하다
- 彼(かれ) 그, 그 남자
- ～の中(なか)で ～중에서
- 約束(やく そく) 약속
- 一番(いち ばん) 가장, 제일
- 好(す)きだ 좋아하다
- タイプ(type) 타입
- ところで 그런데
- どんな 어떤, 어떠한
- きれいだ 예쁘다
- 親切(しん せつ)だ 친절하다
- 彼女(かの じょ) 그녀, 여자친구
- そんな 그런, 그러한

회화

Track 45

リン うわ～、この 人(ひと)は 誰(だれ)ですか。かっこいいですね。

高橋(たかはし) 有名(ゆうめい)な 日本(にほん)の 歌手(かしゅ)ですよ。歌(うた)が とても 上手(じょうず)です。

私(わたし)は 彼(かれ)の 歌(うた)の 中(なか)で「約束(やくそく)」が 一番(いちばん) 好(す)きです。

リン そうですか。

背(せ)も 高(たか)いし、歌(うた)も 上手(じょうず)だし、私(わたし)の タイプです。

ところで、高橋(たかはし)さんは どんな タイプが 好(す)きですか。

高橋(たかはし) 私(わたし)は きれいで、親切(しんせつ)な 人(ひと)が 好(す)きです。

リン へえ～、高橋(たかはし)さんの 彼女(かのじょ)は そんな タイプですか。

高橋(たかはし) うーん、それは ちょっと……。

Tip

한국어에서는 '～를 좋아하다', '～를 잘하다'의 문장이 자연스럽게 쓰이기 때문에 '～을/를'의 목적격 조사를 써서 실수하는 경우가 많은데, 일본어에서는 「～が 好(す)きだ」, 「～が 上手(じょうず)だ」의 형태로 쓰인다는 점에 유의하세요.

文法まとめ

01 な형용사의 활용

종류	활용	예
기본형	～だ	簡単(かんたん)だ 간단하다
정중형	～だ＋です	簡単(かんたん)です 간단합니다
명사 수식형	～だ → な＋명사	簡単(かんたん)な テスト 간단한 시험
과거형	～だ＋でした	簡単(かんたん)でした 간단했습니다
부정형	～だ＋じゃ ありません ＝じゃ ないです	簡単(かんたん)じゃ ありません 간단하지 않습니다 簡単(かんたん)じゃ ないです
과거 부정형	～だ＋じゃ ありませんでした ＝じゃ なかったです	簡単(かんたん)じゃ ありませんでした 간단하지 않았습니다 簡単(かんたん)じゃ なかったです
부사형	～だ＋に	簡単(かんたん)に 간단하게
연결형	～だ＋で	簡単(かんたん)で 간단하고

02 조사「が」

~が 好きだ ⇔ ~が 嫌いだ ~을(를) 좋아하다 ⇔ ~을(를) 싫어하다	예 歌が 好きです。(○) 歌を 好きです。(×)
~が 上手だ ⇔ ~が 下手だ ~을(를) 잘하다 ⇔ ~을(를) 못하다	예 英語が 上手です。(○) 英語を 上手です。(×)
~が 得意だ ⇔ ~が 苦手だ ~을(를) 잘하다(자신있다) ⇔ ~을(를) 못하다(자신없다)	예 料理が 得意です。(○) 料理を 得意です。(×)

03 ~だ な + 명사 ~한 명사 (な형용사의 명사 수식)

とても 静かな 部屋ですね。

きれいな 花ですね。

新宿は とても にぎやかな 街ですね。

04 명사 が 上手だ ~을(를) 잘하다

日本語が 上手ですね。

クラスの 中で 誰が 一番 英語が 上手ですか。

小林先生は 料理が 上手じゃ ありません。

WORD

- 静(しず)かだ 조용하다
- 部屋(へや) 방
- きれいだ 예쁘다
- にぎやかだ 번화하다
- 街(まち) 거리
- クラス(class) 클래스, 학급

文法まとめ

05 명사の 中(なか)で 명사が 一番(いちばん) 好(す)きです　~중에서 ~을(를) 가장 좋아합니다

料理(りょうり)の 中(なか)で 何(なに)が 一番(いちばん) 好(す)きですか。

スポーツの 中(なか)で バスケが 一番(いちばん) 好(す)きです。

季節(きせつ)の 中(なか)で いつが 一番(いちばん) 好(す)きですか。

06 명사も い・な형용사 기본형し、　~도 ~하고

青木(あおき)さんは 性格(せいかく)も いいし、顔(かお)も ハンサムだし 最高(さいこう)ですね。

ハワイは 海(うみ)も きれいだし、食(た)べ物(もの)も おいしいです。

佐藤(さとう)さんの 息子(むすこ)さんは 頭(あたま)も いいし、まじめだし 本当(ほんとう)に うらやましいです。

07 ~だ+で　~하고, ~해서 (な형용사의 연결형)

静(しず)かで きれいな 所(ところ)ですね。

田中(たなか)さんは 元気(げんき)で まじめです。

私(わたし)は 日本語(にほんご)も 好(す)きで、英語(えいご)も 好(す)きです。

WORD

- スポーツ(sports) 스포츠
- バスケ(basketball)
  = バスケットボール 농구
- 季節(きせつ) 계절
- 性格(せいかく) 성격
- 顔(かお) 얼굴
- ハンサムだ(handsome) 잘생기다
- 最高(さいこう)だ 최고이다
- ハワイ(Hawaii) 하와이
- 海(うみ) 바다
- 食(た)べ物(もの) 음식
- 息子(むすこ) 아들
- 頭(あたま) 머리
- まじめだ 성실하다
- うらやましい 부럽다
- 所(ところ) 곳, 장소
- 元気(げんき)だ 건강하다, 명랑하다

* 필수 な형용사

便利(べんり)だ ⇔
편리하다

不便(ふべん)だ
불편하다

静(しず)かだ
조용하다

にぎやかだ
번화하다

親切(しんせつ)だ
친절하다

まじめだ
성실하다

元気(げんき)だ
건강하다

有名(ゆうめい)だ
유명하다

上手(じょうず)だ ⇔
잘하다

下手(へた)だ
못하다

好(す)きだ ⇔
좋아하다

嫌(きら)いだ
싫어하다

きれいだ
예쁘다

ハンサムだ
잘생기다

楽(らく)だ
편하다

暇(ひま)だ
한가하다

話してみましょう

그림을 보고 예와 같이 말해 보세요.

1

日本の 交通, 便利だ

예1 A：日本の 交通は どうですか。

B：とても 便利です。

あまり 便利じゃ ありません。

예2 A：日本の 交通は どうでしたか。

B：とても 便利でした。

あまり 便利じゃ ありませんでした。

1

この ホテル, 静かだ

2

英語の テスト, 簡単だ

3

この かばん, 丈夫だ

4

イさんの 部屋, きれいだ

WORD

- 交通(こう つう) 교통
- ホテル 호텔
- 静(しず)かだ 조용하다
- テスト(test) 시험
- 簡単(かん たん)だ 간단하다
- 丈夫(じょう ぶ)だ 튼튼하다
- 部屋(へ や) 방
- きれいだ 깨끗하다, 예쁘다

2

예

ハンサムだ, 親切(しんせつ)だ

A : どんな タイプが 好(す)きですか。

B : ハンサムで 親切(しんせつ)な タイプが 好(す)きです。

1

元気(げんき)だ, 男(おとこ)らしい

2

料理(りょうり)が 上手(じょうず)だ, 女(おんな)らしい

3

背(せ)が 高(たか)い, まじめだ

4

かわいい, 歌(うた)が 上手(じょうず)だ

WORD

- ハンサムだ(handsome) 잘생기다
- 親切(しんせつ)だ 친절하다
- 男(おとこ)らしい 남자답다
- 女(おんな)らしい 여성스럽다
- 背(せ)が 高(たか)い 키가 크다
- まじめだ 성실하다
- 歌(うた)が 上手(じょうず)だ 노래를 잘하다

読んでみましょう

읽어 봅시다

1 다음 내용을 큰 소리로 천천히 읽어 보세요.

Track 46

これは 日本の / 有名な 歌手の / 写真です。/

この 人は 最近 / 20代の 女性たちに / 大人気です。/

私も この 人が / 大好きです。/

背も 高いし、/ 顔も ハンサムだし、/ 私の タイプです。/

それに、彼は / とても 歌が / 上手なんです。/

私は / 彼の 歌の 中で / 「運命」が / 一番 好きです。/

2 다음 내용을 실제 속도로 읽어 보세요.

Track 47

これは日本の有名な歌手の写真です。

この人は最近20代の女性たちに大人気です。

私もこの人が大好きです。

背も高いし、顔もハンサムだし、私のタイプです。

それに、彼はとても歌が上手なんです。

私は彼の歌の中で「運命」が一番好きです。

WORD

- 最近(さい きん) 최근
- 20代(にじゅう だい) 20대
- 女性(じょ せい)たち 여성들
- ～に 大人気(だい にん き)だ ～에게 인기가 많다
- 大好(だい す)きだ 많이 좋아하다
- 顔(かお) 얼굴
- ハンサムだ(handsome) 잘생기다
- タイプ(type) 타입
- それに 게다가
- 歌(うた)が 上手(じょう ず)だ 노래를 잘하다
- 運命(うん めい) 운명

書いてみましょう

써 봅시다

1 다음 예와 같이 일본어로 써 보세요.

기본형	예 まじめだ 성실하다	静(しず)かだ 조용하다	好(す)きだ 좋아하다	元気(げんき)だ 건강하다	きれいだ 예쁘다
정중형	예 まじめです 성실합니다				
명사 수식형	예 まじめな 学生(がくせい) 성실한 학생	部屋(へや) 방	人(ひと) 사람	子供(こども) 아이	花(はな) 꽃
과거형	예 まじめでした 성실했습니다				
부정형	예 まじめじゃ ありません まじめじゃ ないです 성실하지 않습니다				
과거 부정형	예 まじめじゃ ありませんでした まじめじゃ なかったです 성실하지 않았습니다				
부사형	예 まじめに 성실하게				
연결형	예 まじめで 성실하고				

聞いてみましょう

들어 봅시다

A 잘 듣고 밑줄 친 부분에 써 보세요.

Track48

1 原宿(はらじゅく)は ________________ 街(まち)です。

2 三浦(みうら)さんは ____________________ 親切(しんせつ)な 学生(がくせい)です。

3 私(わたし)は 英語(えいご) ______ あまり 上手(じょうず)______________________。

B 그림을 보고 내용과 알맞은 번호를 고르세요.

1

2

정답	① ② ③

정답	① ② ③

漢字・カタカナ練習

한 자 다음 한자를 읽고 따라 써 보세요.

한자	단어	따라 쓰기	그림
通 통할 **통**	交通 こう つう 교통	交通 こう つう	

보기 通行(つうこう) 통행, 通訳(つうやく) 통역

한자	단어	따라 쓰기	그림
真 참 **진**	写真 しゃ しん 사진	写真 しゃ しん	

보기 真剣(しんけん) 진지함, 真珠(しんじゅ) 진주

한자	단어	따라 쓰기	그림
動 움직일 **동**	運動 うん どう 운동	運動 うん どう	

보기 動物(どうぶつ) 동물, 行動(こうどう) 행동

가타카나 다음 가타카나를 읽고 따라 써 보세요.

가타카나	따라 쓰기	따라 쓰기	그림
スポーツ sports 스포츠	スポーツ	スポーツ	
ビル building 빌딩	ビル	ビル	

会話復習

Track 49

다음의 『会話/회화』 스크립트를 보면서 복습해 보세요.

9과 書類(しょるい)は どこに ありますか。

서류는 어디에 있습니까?

Track 50

필수 문장 익히기

トイレは どこに ありますか。 화장실은 어디에 있습니까?

あそこに あります。 저기에 있습니다.

KEY WORD

書類(しょるい)
서류

公園(こうえん)
공원

本屋(ほんや)
서점

駅(えき)
역

家(うち)(家(いえ))
집

受付(うけつけ)
접수처

トイレ
화장실

コンビニ
편의점

テレビ
텔레비전

会話

유키가 회사에서 동료와 이야기하고 있습니다.

WORD

- 昨日(きのう) 어제
- 書類(しょるい) 서류
- ありますか (사물이) 있습니까
- 多分(たぶん) 아마
- 上(うえ) 위
- ～じゃ ないですか ～이(가) 아니에요?
- あれ 어라, 어?, 어머나?
- 本当(ほんとう)に 정말로
- うーん 음
- ところで 그런데
- 課長(かちょう) 과장(님)
- 会議室(かいぎしつ) 회의실
- います (사람이) 있습니다

회화

Track 51

山下(やました) 井上(いのうえ)さん、昨日(きのう)の 書類(しょるい)は どこに ありますか。

井上(いのうえ) 昨日(きのう)の 書類(しょるい)ですか。

多分(たぶん) 佐藤(さとう)さんの 机(つくえ)の 上(うえ)じゃ ないですか。

山下(やました) …… あれ? 本当(ほんとう)に 佐藤(さとう)さんの 机(つくえ)の 上(うえ)ですか。

井上(いのうえ) そこに ありませんか。うーん……。

あ! ここに あります。どうぞ。

山下(やました) ありがとうございます。

ところで、佐藤(さとう)さんは どこですか。

井上(いのうえ) 木村課長(きむらかちょう)と 会議室(かいぎしつ)に います。

> **Tip**
> 본문의 「あれ」라는 표현은 기존에 학습한 「これ(이것), それ(그것), あれ(저것)」와 같은 지시 대명사의 뜻이 아니라, 보통 놀랐을 때 하는 표현으로 '어?, 어머나?, 아이구?' 정도로 해석하면 됩니다. 이외에도 본문에 자주 등장하는 「へえー (저런)」나 「えー (어머나)」와 같은 표현도 대화 도중에 상대의 이야기를 듣고 놀라움의 뜻으로 반응할 때 자주 쓰입니다.

文法まとめ

01 지시대명사 ②

	근칭	중칭	원칭	부정칭
장소	ここ 여기	そこ 거기	あそこ 저기	どこ 어디
방향	こちら 이쪽	そちら 그쪽	あちら 저쪽	どちら 어느 쪽

02 あります・います 있습니다

	있습니다	없습니다
사물 · 식물	あります	ありません
사람 · 동물	います	いません

トイレは どこに ありますか。

田中(たなか)さんは 教室(きょうしつ)に います。

私(わたし)の 家(うち)には 猫(ねこ)は いません。

WORD

- トイレ(toilet) 화장실
- 教室(きょうしつ) 교실
- 家(うち) 집
- 猫(ねこ) 고양이

03 위치를 나타내는 명사

 上(うえ) 위	 下(した) 아래	 中(なか) 안	 外(そと) 밖
 前(まえ) 앞	 後(うし)ろ 뒤	 右(みぎ) 오른쪽	 左(ひだり) 왼쪽
 横(よこ) 옆	 隣(となり) 옆	 そば 근처	 向(む)かい 맞은편

文法まとめ

04 ここ・そこ・あそこ・どこ 여기, 거기, 저기, 어디

(1) A：トイレは どこに ありますか。 B：ここに あります。

(2) A：林(はやし)さんは どこに いますか。 B：受付(うけつけ)に います。

05 ～の ～に あります / います ～의 ～에 있습니다

コンビニは 学校(がっこう)の 前(まえ)に あります。

辞書(じしょ)は 引(ひ)き出(だ)しの 中(なか)に あります。

テレビの 横(よこ)に 猫(ねこ)が います。

東京駅(とうきょうえき)の そばに 本屋(ほんや)が あります。

WORD

- コンビニ(convenience store) 편의점
- 前(まえ) 앞
- 辞書(じしょ) 사전
- 引(ひ)き出(だ)し 서랍
- 中(なか) 안
- テレビ(television) 텔레비전
- 横(よこ) 옆
- 猫(ねこ) 고양이
- 東京駅(とう きょう えき) 도쿄역
- そば 근처
- 本屋(ほんや) 서점

06 ～じゃ ないですか ～이(가) 아니에요?, 아닙니까?

雑誌(ざっし)は ベッドの 上(うえ)じゃ ないですか。

鈴木(すずき)さんの ふるさとは 大阪(おおさか)じゃ ないですか。

これは キムさんのじゃ ないですか。

07 どこですか 어디입니까?

A : 公園(こうえん)は どこですか。　　B : あそこです。

A : 山下(やました)さんは どこですか。　　B : 会議室(かいぎしつ)に います。

Tip 「どこに ありますか / どこに いますか(어디에 있습니까?)」=「どこですか」

WORD

- 雑誌(ざっし) 잡지
- ベッド(bed) 침대
- ふるさと 고향
- 大阪(おおさか) 오사카
- 公園(こうえん) 공원
- 会議室(かいぎしつ) 회의실

話してみましょう

그림을 보고 예와 같이 말해 보세요.

1

예

デパート・隣(となり)

A : 映画館(えいがかん)は どこに ありますか。

B : デパートの 隣(となり)に あります。

1

机(つくえ)・上(うえ)

A : 眼鏡(めがね)は どこに ありますか。

2

椅子(いす)・下(した)

A : 靴(くつ)は どこに ありますか。

3

車(くるま)・中(なか)

A : 橋本(はしもと)さんは どこに いますか。

WORD

- **映画館**(えいがかん) 영화관
- **デパート**(department store) 백화점
- **眼鏡**(めがね) 안경
- **机**(つくえ) 책상
- **靴**(くつ) 구두
- **椅子**(いす) 의자
- **車**(くるま) 자동차

2

예

時計(とけい)

A : 時計(とけい)は どこに ありますか。

B : テレビの 上(うえ)に あります。

WORD

- 猫(ねこ) 고양이
- テレビ(television) 텔레비전
- ベッド(bed) 침대
- 傘(かさ) 우산
- 箱(はこ) 상자
- テーブル(table) 테이블

読んでみましょう

읽어 봅시다

1 다음 내용을 큰 소리로 천천히 읽어 보세요.

Track 52

私(わたし)の 会社(かいしゃ)は / 新宿駅(しんじゅくえき)の / 近(ちか)くに あります。/ 家(うち)からは あまり / 遠(とお)く ありません。/

会社(かいしゃ)の 向(む)かいには / コンビニが あります。/ その コンビニの 横(よこ)には / 本屋(ほんや)が あります。/

それから、/ 会社(かいしゃ)の 隣(となり)には / 銀行(ぎんこう)が あります。/ 銀行(ぎんこう)の 後(うし)ろには /

デパートが ありますが、/ デパートには いつも / 人(ひと)が 多(おお)いです。/

2 다음 내용을 실제 속도로 읽어 보세요.

Track 53

私の会社は新宿駅の近くにあります。家からはあまり遠くありません。
会社の向かいにはコンビニがあります。そのコンビニの横には本屋があります。
それから、会社の隣には銀行があります。銀行の後ろにはデパートがありますが、
デパートにはいつも人が多いです。

WORD

- **新宿駅**(しん じゅく えき) 신주쿠역
- **近**(ちか)**く** 근처
- **向**(む)**かい** 맞은편
- **コンビニ**(convenience store) 편의점
- **横**(よこ) 옆
- **本屋**(ほん や) 서점
- **隣**(となり) 옆
- **銀行**(ぎん こう) 은행
- **後**(うし)**ろ** 뒤
- **デパート**(department store) 백화점
- **いつも** 늘, 항상
- **多**(おお)**い** 많다

書いてみましょう

써 봅시다

1 다음 예와 같이 일본어로 써 보세요.

예

りんご・机(つくえ)・上(うえ)

りんごは 机の 上に あります。

りんごは 机の 上に ありません。

1

犬(いぬ)・椅子(いす)・下(した)

________________________________。

________________________________。

2

バス停(てい)・会社(かいしゃ)・前(まえ)

________________________________。

________________________________。

3

高橋(たかはし)さん・鈴木(すずき)さん・右(みぎ)

________________________________。

________________________________。

4

郵便局(ゆうびんきょく)・銀行(ぎんこう)・隣(となり)

________________________________。

________________________________。

WORD

- りんご 사과
- 机(つくえ) 책상
- 犬(いぬ) 개
- 椅子(いす) 의자
- バス停(てい) 버스정류장
- 右(みぎ) 오른쪽
- 郵便局(ゆう びん きょく) 우체국

聞いてみましょう

들어 봅시다

A 잘 듣고 밑줄 친 부분에 써 보세요.

Track 54

1 トイレは ＿＿＿＿＿＿ に あります。

2 猫(ねこ)は 椅子(いす)の 上(うえ)に ＿＿＿＿＿＿＿＿。

3 家(うち)の ＿＿＿＿ に 車(くるま)が あります。

B 그림을 보고 내용과 알맞은 번호를 고르세요.

1

정답	① ② ③

2

정답	① ② ③

漢字・カタカナ練習

한 자 다음 한자를 읽고 따라 써 보세요.

公 공평 **공**	公園 こう えん 공원	公園 こう えん

보기 公演(こうえん) 공연, 公式(こうしき) 공식

本 근본 **본**	本屋 ほん や 서점	本屋 ほん や

보기 本気(ほんき) 진심, 本当(ほんとう) 정말, 사실

受 받을 **수**	受付 うけ つけ 접수처	受付 うけ つけ

보기 受取(うけとり) 수취, 受身(うけみ) 수동

가타카나 다음 가타카나를 읽고 따라 써 보세요.

コンビニ convenience store 편의점	コンビニ	コンビニ

テレビ television 텔레비전	テレビ	テレビ

会話復習

회화 복습

Track 55

다음의 『会話(かいわ)/회화』 스크립트를 보면서 복습해 보세요.

10과 何人家族（なんにんかぞく）ですか。

몇 식구입니까?

Track 56

필수 문장 익히기

何人家族（なんにんかぞく）ですか。 몇 식구입니까?

父（ちち）と 母（はは）と 姉（あね）と 私（わたし）の 4人家族（よにんかぞく）です。 아버지, 어머니, 누나, 저 네 식구입니다.

KEY WORD

家族（かぞく）
가족

兄弟（きょうだい）
형제

両親（りょうしん）
부모

男（おとこ）
남자

女（おんな）
여자

犬（いぬ）
개

教室（きょうしつ）
교실

バス
버스

テーブル
테이블

会話

세민이와 링이 서로의 가족 관계에 대해서 이야기하고 있습니다.

WORD

- 何人(なん にん) 몇 명
- 家族(か ぞく) 가족
- へえー 그렇구나
- じゃ 그럼
- 兄弟(きょう だい) 형제
- 末(すえ)っ子(こ) 막내
- 逆(ぎゃく) 정반대, 역
- 長男(ちょう なん) 장남
- 父(ちち) 아버지
- 母(はは) 어머니
- 妹(いもうと) 여동생
- 写真(しゃ しん) 사진
- お父(とう)さん 아버지 (상대의 아버지를 부를 때)
- そっくり 꼭 닮음, 붕어빵
- ええ(= はい) 네
- 父似(ちち に) 아빠 닮음

회화

Track 57

キム リンさんは 何人(なんにん)家族(かぞく)ですか。

リン 5人(ごにん)家族(かぞく)です。

キム へえ～、じゃ、 何人兄弟(なんにんきょうだい)ですか。

リン 3人兄弟(さんにんきょうだい)で、私(わたし)は 末(すえ)っ子(こ)です。

キム 私(わたし)と 逆(ぎゃく)ですね。私(わたし)は 長男(ちょうなん)です。

リン キムさんは 何人(なんにん)家族(かぞく)ですか。

キム 父(ちち)と 母(はは)と 妹(いもうと)と 私(わたし)の 4人(よにん)家族(かぞく)です。

これは 家族(かぞく)の 写真(しゃしん)です。

リン うわ～! キムさんと お父(とう)さん、そっくりですね。

キム ええ、私(わたし)は 父似(ちちに)なんです。

Tip

일본의 가족 호칭은 내가 남에게 우리 가족에 대해 소개하거나 이야기할 때와 남의 가족을 말하거나 직접 가족을 부를 때의 호칭이 다릅니다.
예를 들어 본문에서처럼 우리 아버지를 남에게 이야기할 때는 「父(ちち)」라고 하지만, 상대의 가족을 말할 때는 「お父(とう)さん」이라고 합니다.

文法まとめ

01 가족 관계

	나의 가족	상대의 가족
할아버지	祖父(そふ)	おじいさん
할머니	祖母(そぼ)	おばあさん
아버지	父(ちち)	お父(とう)さん
어머니	母(はは)	お母(かあ)さん
형, 오빠	兄(あに)	お兄(にい)さん
누나, 언니	姉(あね)	お姉(ねえ)さん
남동생	弟(おとうと)	弟(おとうと)さん
여동생	妹(いもうと)	妹(いもうと)さん
남편	主人(しゅじん) /夫(おっと)	ご主人(しゅじん)
아내	妻(つま)	奥(おく)さん
아들	息子(むすこ)	息子(むすこ)さん
딸	娘(むすめ)	娘(むすめ)さん

파란색 부분은 우리 가족을 남에게 소개하거나 말할 때 쓰이고 빨간색 부분은 상대 가족을 말하거나 직접 우리 가족을 부를 때 쓰이기 때문에 주의하시기 바랍니다.

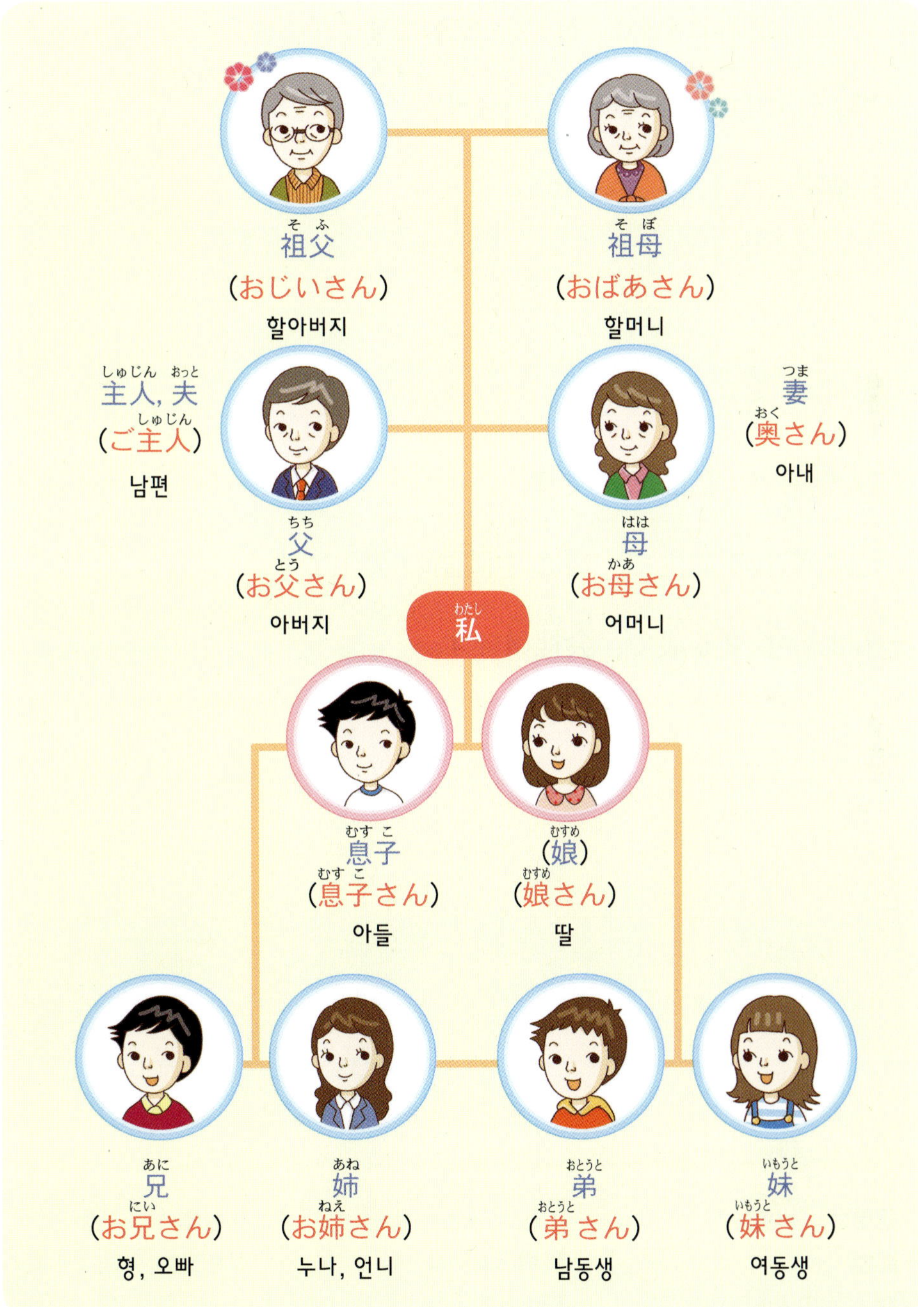
そふ
祖父
(おじいさん)
할아버지
そぼ
祖母
(おばあさん)
할머니
しゅじん　おっと
主人, 夫
しゅじん
(ご主人)
남편
つま
妻
おく
(奥さん)
아내
ちち
父
とう
(お父さん)
아버지
はは
母
かあ
(お母さん)
어머니
わたし
私
むすこ
息子
むすこ
(息子さん)
아들
むすめ
(娘)
むすめ
(娘さん)
딸
あに
兄
にい
(お兄さん)
형, 오빠
あね
姉
ねえ
(お姉さん)
누나, 언니
おとうと
弟
おとうと
(弟さん)
남동생
いもうと
妹
いもうと
(妹さん)
여동생

文法まとめ

02 何人 몇 명

A : 何人兄弟ですか。　B : 3人兄弟です。

部屋の 中に 女の人が 2人 います。

会議室には 1人も いません。

03 명사＋で、~이고

5人兄弟で、私は 長男です。

兄は 英語の 先生で、姉は 中国語の 先生です。

私は 今年 ２５歳で、会社員です。

WORD

- 兄弟(きょう だい) 형제
- 部屋(へ や) 방
- 女(おんな)の人(ひと) 여자
- 会議室(かい ぎ しつ) 회의실
- 1人(ひとり)も 한 명도
- 長男(ちょう なん) 장남
- 兄(あに) 형, 오빠
- 姉(あね) 누나, 언니
- 今年(ことし) 올해, 금년
- 25歳(に じゅう ご さい) 25세

04 ～なんです ～입니다, ～이거든요

今日(きょう)は 私(わたし)の 誕生日(たんじょうび)じゃ ありません。 キムさんの 誕生日(たんじょうび)なんです。

(명사 + なんです)

あの 店(みせ)、本当(ほんとう)に 安(やす)くて おいしいんです。 (い형용사 기본형 + んです)

カンさんは 在日(ざいにち)です。それで 日本語(にほんご)も 韓国語(かんこくご)も 上手(じょうず)なんです。

(な형용사 だ + なんです)

WORD

- 店(みせ) 가게
- 本当(ほんとう)に 정말로
- 安(やす)い 싸다
- 在日(ざいにち) 재일교포
- それで 그래서
- 上手(じょうず)だ 잘하다

文法まとめ

＊ 조수사

	1人 ひとり	2人 ふたり	3人 さんにん	4人 よにん	5人 ごにん
～人(にん) ～명	6人 ろくにん	7人 しちにん	8人 はちにん	9人 きゅうにん	10人 じゅうにん

	1つ ひとつ	2つ ふたつ	3つ みっつ	4つ よっつ	5つ いつつ
～つ ～개	6つ むっつ	7つ ななつ	8つ やっつ	9つ ここのつ	10 とお

	1枚 いちまい	2枚 にまい	3枚 さんまい	4枚 よんまい	5枚 ごまい
～枚(まい) ～장	6枚 ろくまい	7枚 ななまい	8枚 はちまい	9枚 きゅうまい	10枚 じゅうまい

	1台 いちだい	2台 にだい	3台 さんだい	4台 よんだい	5台 ごだい
～台(だい) ～대	6台 ろくだい	7台 ななだい	8台 はちだい	9台 きゅうだい	10台 じゅうだい

	1階 いっかい	2階 にかい	3階 さんがい	4階 よんかい	5階 ごかい
～階(かい) ～층	6階 ろっかい	7階 ななかい	8階 はっかい	9階 きゅうかい	10階 じゅっかい

 ~匹(ひき) ~마리	1匹 いっぴき	2匹 にひき	3匹 さんびき	4匹 よんひき	5匹 ごひき
	6匹 ろっぴき	7匹 ななひき	8匹 はっぴき	9匹 きゅうひき	10匹 じゅっぴき

 ~本(ほん) ~개	1本 いっぽん	2本 にほん	3本 さんぼん	4本 よんほん	5本 ごほん
	6本 ろっぽん	7本 ななほん	8本 はっぽん	9本 きゅうほん	10本 じゅっぽん

 ~杯(はい) ~잔	1杯 いっぱい	2杯 にはい	3杯 さんばい	4杯 よんはい	5杯 ごはい
	6杯 ろっぱい	7杯 ななはい	8杯 はっぱい	9杯 きゅうはい	10杯 じゅっぱい

 ~歳(さい) ~살	1歳 いっさい	2歳 にさい	3歳 さんさい	4歳 よんさい	5歳 ごさい
	6歳 ろくさい	7歳 ななさい	8歳 はっさい	9歳 きゅうさい	10歳 じゅっさい

 ~冊(さつ) ~권	1冊 いっさつ	2冊 にさつ	3冊 さんさつ	4冊 よんさつ	5冊 ごさつ
	6冊 ろくさつ	7冊 ななさつ	8冊 はっさつ	9冊 きゅうさつ	10冊 じゅっさつ

話してみましょう

그림을 보고 예와 같이 말해 보세요.

1

예

A : 何人家族(なんにんかぞく)ですか。

B : 父(ちち)、母(はは)、姉(あね)、私(わたし)の 4人家族(よにんかぞく)です。

1

2

3

4

WORD

- 父(ちち) 아버지
- 母(はは) 어머니
- 姉(あね) 누나, 언니
- 兄(あに) 형, 오빠
- 妹(いもうと) 여동생
- 弟(おとうと) 남동생
- 夫(おっと) 남편 (= 主人(しゅじん))
- 息子(むすこ) 아들
- 娘(むすめ) 딸
- 祖母(そぼ) 할머니
- 祖父(そふ) 할아버지

2

예

A : 皿の 上に りんごは いくつ ありますか。

B : 皿の 上に りんごは みっつ あります。

1 

A : テーブルの 上に 新聞は 何枚 ありますか。

2 

A : 教室の 中に 学生は 何人 いますか。

3 

A : 家の 前に 車は 何台 ありますか。

4 

A : 箱の 中に 猫は 何匹 いますか。

WORD

- 皿(さら) 접시
- りんご 사과
- いくつ 몇 개
- 何枚(なん まい) 몇 장
- 車(くるま) 자동차
- 何台(なん だい) 몇 대
- 箱(はこ) 상자
- 猫(ねこ) 고양이
- 何匹(なん びき) 몇 마리

読んでみましょう

읽어 봅시다

1 다음 내용을 큰 소리로 천천히 읽어 보세요.

Track 58

これは / 私(わたし)の 家族(かぞく)の / 写真(しゃしん)です。 /

これは 父(ちち)です。 父(ちち)は 医者(いしゃ)です。 / 父(ちち)は / 背(せ)が 高(たか)くて / 優(やさ)しいです。 /

これは 母(はは)です。 母(はは)は 料理(りょうり)の 先生(せんせい)で、 / 韓国料理(かんこくりょうり)が 得意(とくい)です。 /

一番左(いちばんひだり)は 姉(あね)です。 姉(あね)は 会社員(かいしゃいん)です。 / 一番右(いちばんみぎ)は 私(わたし)です。 /

私(わたし)の 家族(かぞく)は / 猫(ねこ)が 大好(だいす)きです。 / それで、 猫(ねこ)も / 1匹(いっぴき) います。 /

2 다음 내용을 실제 속도로 읽어 보세요.

Track 59

これは私の家族の写真です。
これは父です。父は医者です。父は背が高くて優しいです。
これは母です。母は料理の先生で、韓国料理が得意です。
一番左は姉です。姉は会社員です。一番右は私です。
私の家族は猫が大好きです。それで、猫も1匹います。

WORD

- **背(せ)が 高(たか)い** 키가 크다
- **優(やさ)しい** 자상하다
- **得意(とくい)だ** 잘하다
- **一番左(いち ばん ひだり)** 제일 왼쪽
- **姉(あね)** 누나, 언니
- **一番右(いち ばん みぎ)** 제일 오른쪽
- **猫(ねこ)** 고양이
- **大好(だい す)きだ** 많이 좋아하다
- **それで** 그래서
- **1匹(いっ ぴき)** 한 마리

書いてみましょう

써 봅시다

다음 예와 같이 일본어로 써 보세요.

1

예

箱(はこ)の 中(なか)に みかんが むっつ あります。

1

机(つくえ)の 上(うえ)に 本(ほん)が ＿＿＿＿＿＿ あります。

2

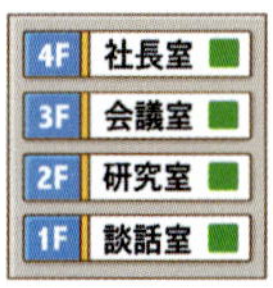

会議室(かいぎしつ)は ＿＿＿＿＿＿ に あります。

3

ベッドの 上(うえ)に 犬(いぬ)が ＿＿＿＿＿＿ います。

4

教室(きょうしつ)の 中(なか)に 男(おとこ)の人(ひと)が ＿＿＿＿＿ います。

WORD

- みかん 귤
- 会議室(かいぎしつ) 회의실
- ベッド 침대
- 犬(いぬ) 개
- 教室(きょうしつ) 교실
- 男(おとこ)の人(ひと) 남자

A 잘 듣고 밑줄 친 부분에 써 보세요.

Track 60

1 会議室(かいぎしつ)は ＿＿＿＿＿＿＿＿＿＿ に あります。

2 皿(さら)の 上(うえ)に りんごが ＿＿＿＿＿＿＿ あります。

3 椅子(いす)の 下(した)に 本(ほん)が ＿＿＿＿＿＿＿＿＿＿ あります。

B 그림을 보고 내용과 알맞은 번호를 고르세요.

1

정답 ① ② ③

2

정답 ① ② ③

漢字・カタカナ練習

한 자 다음 한자를 읽고 따라 써 보세요.

家 집 가	家族 かぞく 가족	家族 かぞく	

보기 家門(かもん) 가문, 家庭(かてい) 가정

両 두 량	両親 りょうしん 부모	両親 りょうしん	

보기 両国(りょうこく) 양국, 両家(りょうけ) 양가

教 가르칠 교	教室 きょうしつ 교실	教室 きょうしつ	

보기 教育(きょういく) 교육, 教師(きょうし) 교사

가타카나 다음 가타카나를 읽고 따라 써 보세요.

テーブル table 테이블	テーブル	テーブル	
バス bus 버스	バス	バス	

会話復習

회화 복습

Track 61

다음의 『会話(かいわ)/회화』 스크립트를 보면서 복습해 보세요.

11과 毎朝(まいあさ) 何時(なんじ)に 起(お)きますか。

매일 아침 몇 시에 일어납니까?

Track 62

필수 문장 익히기

今日(きょう)は 何(なに)を しますか。 오늘은 무엇을 합니까?

明日(あした)、日本語(にほんご)の テストが あるので、勉強(べんきょう)を します。

내일 일본어 시험이 있기 때문에 공부를 합니다.

KEY WORD

 図書館(としょかん) 도서관	 映画館(えいがかん) 영화관	 仕事(しごと) 일
 音楽(おんがく) 음악	 散歩(さんぽ) 산책	 ご飯(はん) 밥
 絵(え) 그림	 メール 메일	 コーヒーショップ 커피숍

会話

유키와 세민이가 서로의 일상에 대해 이야기하고 있습니다.

WORD

- 毎朝(まい あさ) 매일 아침
- 起(お)きます
  일어납니다 (起きる 일어나다)
- 早(はや)い 빠르다, 이르다
- 遠(とお)い 멀다
- ～ので ～이기 때문에
- 早(はや)く 빨리, 일찍
- 大変(たい へん)だ 힘들다
- 週末(しゅう まつ) 주말
- ゆっくり 푹
- 休(やす)みます 쉽니다 (休む 쉬다)
- 寝(ね)ます 잡니다 (寝る 자다)
- ～が ～입니다만, ～이지만
- たいてい 대개, 보통
- 公園(こう えん) 공원
- ～へ ～에
- 行(い)きます 갑니다 (行く 가다)
- 運動不足(うん どう ぶ そく)
  운동 부족
- 명사 + なので ～이기 때문에
- (장소) で ～에서
- 軽(かる)く 가볍게
- ～を ～을(를)
- します 합니다 (する 하다)

Track 63

キム　山下さんは 毎朝、何時に 起きますか。

山下　5時半に 起きます。

キム　え～！ 早いですね。

山下　はい、家から 会社まで 遠いので、早く 起きます。

キム　そうですか。毎日 大変ですね。

じゃ、週末は ゆっくり 休みますか。

山下　はい、朝は ゆっくり 寝ますが、午後は たいてい 公園へ 行きます。運動不足なので 公園で 軽く 運動を します。

Tip

「ゆっくり」는 두 가지 뜻을 가지고 있습니다. 첫 번째는 '천천히, 여유 있게'의 의미로, 「ゆっくり 食べます (천천히 먹습니다)」와 같이 쓰이고, 두 번째는 「ゆっくり」 뒤에 「する, 休む, 寝る」가 오게 되면 보통 '푹 쉬다, 푹 자다'의 의미가 된다는 점을 기억해 두시기 바랍니다.

文法まとめ

01 동사의 ます형 ①

1그룹 동사 (5단 동사)	〈u단 → i단 + ます〉 ① る로 끝나되 바로 앞이 a, u, o단인 경우 예 わかる　つくる　のる… k+a　k+u　n+o ② る로 끝나지 않는 모든 동사 （う，く，ぐ，す，つ，ぬ，ぶ，む） 예 会(あ)う　行(い)く　話(はな)す　飲(の)む… ③ (예외 5단 동사) 형태상 2그룹, 활용은 1그룹 예 帰(かえ)る　入(はい)る　走(はし)る　切(き)る…	예 会(あ)う → あいます 待(ま)つ → まちます 乗(の)る → のります 死(し)ぬ → しにます 飲(の)む → のみます 遊(あそ)ぶ → あそびます 行(い)く → いきます 話(はな)す → はなします ★帰(かえ)る → かえります
2그룹 동사 (상 1단 동사 하 1단 동사)	る로 끝나되 바로 앞이 i단, e단인 경우 예 見(み)る　食(た)べる　いる　寝(ね)る… m+i　b+e　i　n+e	예 見(み)る → みます 食(た)べる → たべます 起(お)きる → おきます 寝(ね)る → ねます
3그룹 동사 (カ행 변격 동사 サ행 변격 동사)	来(く)る 오다 → 来(き)ます する 하다 → します	예 来(く)る → きます する → します

02 ます형의 현재형, 부정형

[현재형]	～ます	예 買(か)う → 買(か)います	삽니다
[부정형]	～ません	예 買(か)う → 買(か)いません	안 삽니다

★ます형의 현재형은 미래형도 포함합니다.

예 明日(あした)、映画(えいが)を 見(み)ます。내일 영화를 봅니다(볼 겁니다).

03 ます형의 현재형, 부정형 활용 연습

		종 류	～ます(현재형)	～ません(부정형)
買(か)う	사다			
会(あ)う	만나다			
待(ま)つ	기다리다			
持(も)つ	들다, 갖다			
死(し)ぬ	죽다			
飲(の)む	마시다			
読(よ)む	읽다			
遊(あそ)ぶ	놀다			
話(はな)す	이야기하다			
書(か)く	쓰다			
聞(き)く	듣다			
行(い)く	가다			
泳(およ)ぐ	수영하다			
乗(の)る	타다			
ある	있다(무생물)			
帰(かえ)る	돌아가다(오다)			
いる	있다(생물)			
見(み)る	보다			
食(た)べる	먹다			
起(お)きる	일어나다			
寝(ね)る	자다			
教(おし)える	가르치다			
来(く)る	오다			
する	하다			

文法まとめ

〈ます형의 현재형, 부정형 활용 연습 정답〉

		종 류	～ます(현재형)	～ません(부정형)
買(か)う	사다	1 그룹	かいます	かいません
会(あ)う	만나다	1 그룹	あいます	あいません
待(ま)つ	기다리다	1 그룹	まちます	まちません
持(も)つ	들다, 갖다	1 그룹	もちます	もちません
死(し)ぬ	죽다	1 그룹	しにます	しにません
飲(の)む	마시다	1 그룹	のみます	のみません
読(よ)む	읽다	1 그룹	よみます	よみません
遊(あそ)ぶ	놀다	1 그룹	あそびます	あそびません
話(はな)す	이야기하다	1 그룹	はなします	はなしません
書(か)く	쓰다	1 그룹	かきます	かきません
聞(き)く	듣다	1 그룹	ききます	ききません
行(い)く	가다	1 그룹	いきます	いきません
泳(およ)ぐ	수영하다	1 그룹	およぎます	およぎません
乗(の)る	타다	1 그룹	のります	のりません
ある	있다(무생물)	1 그룹	あります	ありません
帰(かえ)る	돌아가다(오다)	1 그룹	かえります	かえりません
いる	있다(생물)	2 그룹	います	いません
見(み)る	보다	2 그룹	みます	みません
食(た)べる	먹다	2 그룹	たべます	たべません
起(お)きる	일어나다	2 그룹	おきます	おきません
寝(ね)る	자다	2 그룹	ねます	ねません
教(おし)える	가르치다	2 그룹	おしえます	おしえません
来(く)る	오다	3 그룹	きます	きません
する	하다	3 그룹	します	しません

04 시간, 요일 + に　~에

私は 毎朝 7時に 起きます。

毎週 月曜日に 会議を します。

私は たいてい 11時に 寝ます。

05 ~ので, なので　~이기 때문에 (접속조사)

今日は 休みなので、ゆっくり 寝ます。 (명사 + なので)

この 図書館は 静かなので、とても いいです。

(な형용사 だ + なので)

あの コーヒーショップは 安くて おいしいので、 人が 多いです。

(い형용사 ~い + ので)

明日は 先約が あるので、無理です。 (동사 + ので)

WORD

- 毎朝(まいあさ) 매일 아침
- たいてい 대개, 보통
- 休(やす)み 휴일
- ゆっくり 푹
- 図書館(としょかん) 도서관
- 静(しず)かだ 조용하다
- コーヒーショップ 커피숍
- 先約(せんやく) 선약
- 無理(むり)だ 무리이다

文法まとめ

06 ～へ [e] + 동작성 동사 (行く, 来る, 帰る) ～에/로

明日(あした)は 家族(かぞく)と 映画館(えいがかん)へ 行(い)きます。

田中(たなか)さんは いつ 韓国(かんこく)へ 来(き)ますか。

何時(なんじ)に 家(うち)へ 帰(かえ)りますか。

07 장소 + で ～에서

部屋(へや)で 友達(ともだち)と 一緒(いっしょ)に 音楽(おんがく)を 聞(き)きます。

食堂(しょくどう)で ご飯(はん)を 食(た)べます。

学校(がっこう)で 勉強(べんきょう)を します。

WORD

- **映画館**(えいがかん) 영화관
- **いつ** 언제
- **部屋**(へや) 방
- **一緒**(いっしょ)**に** 같이, 함께
- **音楽**(おんがく)**を 聞**(き)**く** 음악을 듣다
- **食堂**(しょくどう) 식당
- **ご飯**(はん)**を 食**(た)**べる** 밥을 먹다
- **勉強**(べんきょう)**を する** 공부를 하다

＊ 표현 PLUS

新聞を 読む
신문을 읽다

音楽を 聞く
음악을 듣다

メールを 書く
메일을 쓰다

コーヒーを 飲む
커피를 마시다

会社へ 行く
회사에 가다

映画を 見る
영화를 보다

ご飯を 食べる
밥을 먹다

勉強を する
공부를 하다

仕事を する
일을 하다

話してみましょう

그림을 보고 예와 같이 말해 보세요.

1

예

デパートで 買(か)い物(もの)を する

A : 明日(あした)は 何(なに)を しますか。

B : デパートで 買(か)い物(もの)を します。

1

図書館(としょかん)で 本(ほん)を 読(よ)む

A : 毎週(まいしゅう) 火曜日(かようび)は 何(なに)を しますか。

2

友達(ともだち)と 一緒(いっしょ)に 映画(えいが)を 見(み)る

A : 土曜日(どようび)は 何(なに)を しますか。

3

公園(こうえん)で 運動(うんどう)を する

A : 週末(しゅうまつ)は 何(なに)を しますか。

WORD

- **明日**(あした) 내일
- **デパート** 백화점
- **買**(か)**い物**(もの) 쇼핑
- **毎週**(まい しゅう) 매주
- **図書館**(と しょ かん) 도서관
- **映画**(えい が)**を 見**(み)**る** 영화를 보다
- **週末**(しゅう まつ) 주말
- **公園**(こう えん) 공원
- **運動**(うん どう)**を する** 운동을 하다

2

예  6:00 起(お)きる → 私(わたし)は 6時(ろくじ)に 起(お)きます。

私(わたし)の 1日(いちにち) 나의 하루

6:00	起(お)きる
7:00 ～ 8:00	朝(あさ)ご飯(はん)を 食(た)べる
8:00	学校(がっこう)へ 行(い)く
9:00 ～ 12:00	勉強(べんきょう)を する
12:00 ～ 1:00	昼(ひる)ご飯(はん)を 食(た)べる
1:00 ～ 2:30	本(ほん)を 読(よ)む
2:30 ～ 4:30	コーヒーを 飲(の)む
4:30 ～ 6:00	運動(うんどう)を する
6:00 ～ 7:30	夕(ゆう)ご飯(はん)を 食(た)べる
7:30 ～ 9:30	映画(えいが)を 見(み)る
10:00	家(うち)へ 帰(かえ)る
11:00	寝(ね)る

WORD

- 朝(あさ)ご飯(はん)を 食(た)べる 아침밥을 먹다
- 昼(ひる)ご飯(はん) 점심밥
- 読(よ)む 읽다
- コーヒーを 飲(の)む 커피를 마시다
- 運動(うんどう)を する 운동을 하다
- 夕(ゆう)ご飯(はん) 저녁밥
- 帰(かえ)る 돌아가다(오다)
- 寝(ね)る 자다

読んでみましょう

읽어 봅시다

1 다음 내용을 큰 소리로 천천히 읽어 보세요.

Track 64

私(わたし)の 家(いえ)の 近(ちか)くには / コーヒーショップが あります。/
その コーヒーショップには / いつも きれいな 花(はな)と / 絵(え)が あります。/
私(わたし)は 時々(ときどき) / 友達(ともだち)と 一緒(いっしょ)に / そこへ 行(い)きます。/
私(わたし)はいつも / カフェラテを 飲(の)みます。/ カフェラテは / とても おいしいです。/
ケーキも おいしいので、/ 時々(ときどき) 友達(ともだち)と 食(た)べます。/
私(わたし)は たまに / 1人(ひとり)で 行(い)きます。/ 1人(ひとり)で ゆっくり / 音楽(おんがく)を 聞(き)きます。/

2 다음 내용을 실제 속도로 읽어 보세요.

Track 65

私の家の近くにはコーヒーショップがあります。

そのコーヒーショップにはいつもきれいな花と絵があります。

私は時々友達と一緒にそこへ行きます。

私はいつもカフェラテを飲みます。カフェラテはとてもおいしいです。

ケーキもおいしいので、時々友達と食べます。

私はたまに1人で行きます。 1人でゆっくり音楽を聞きます。

WORD

- 家(うち, いえ) 집
- 近(ちか)く 근처
- コーヒーショップ 커피숍
- いつも 항상
- 花(はな) 꽃
- 絵(え) 그림
- 時々(ときどき) 때때로, 종종
- ~と ~와/과
- 一緒(いっしょ)に 같이, 함께
- カフェラテ 카페라테
- ケーキ 케이크
- たまに 가끔
- 1人(ひとり)で 혼자서
- ゆっくり 천천히, 푹
- 音楽(おんがく) 음악

書いてみましょう

써 봅시다

다음 예와 같이 일본어로 써 보세요.

1

예

A : ご飯(はん)を 食(た)べますか。

B : はい、ご飯(はん)を 食(た)べます。

いいえ、ご飯(はん)を 食(た)べません。

1

A : メールを 書(か)きますか。

B : ________________。

________________。

2

A : 英語(えいご)を 教(おし)えますか。

B : ________________。

________________。

3

A : 家(うち)へ 帰(かえ)りますか。

B : ________________。

________________。

4

A : 学校(がっこう)へ 行(い)きますか。

B : ________________。

________________。

WORD

- ご飯(はん)を 食(た)べる 밥을 먹다
- メールを 書(か)く 메일을 쓰다
- 英語(えいご)を 教(おし)える 영어를 가르치다
- 家(うち)へ 帰(かえ)る 집에 돌아가다(오다)
- 学校(がっこう)へ 行(い)く 학교에 가다

聞いてみましょう

들어 봅시다

A 잘 듣고 밑줄 친 부분에 써 보세요.

Track 66

1. 私(わたし)は 毎朝(まいあさ) ＿＿＿＿＿＿＿＿起(お)きます。

2. 土曜日(どようび)は ＿＿＿＿＿＿＿寝(ね)ます。

3. 鈴木(すずき)さんは 朝(あさ)ご飯(はん)を ＿＿＿＿＿＿＿＿＿。

B 그림을 보고 질문에 대한 답으로 올바른 것을 고르세요.

1

2

정답	① ② ③

정답	① ② ③

한 자 다음 한자를 읽고 따라 써 보세요.

館 집 관	図書館 と しょ かん 도서관	図書館 と しょ かん	

보기 映画館(えいがかん) 영화관, 美術館(びじゅつかん) 미술관

楽 음악 악	音楽 おん がく 음악	音楽 おん がく	

보기 楽譜(がくふ) 악보, 楽団(がくだん) 악단

事 일 사	仕事 し ごと 일	仕事 し ごと	

보기 出来事(できごと) 일어난 일, 物事(ものごと) 사물

가타카나 다음 가타카나를 읽고 따라 써 보세요.

メール mail 메일	メール	メール	
コーヒーショップ coffee shop 커피숍	コーヒーショップ	コーヒーショップ	

会話復習

회화 복습

Track 67

다음의 『会話(かいわ)/회화』 스크립트를 보면서 복습해 보세요.

12과 高校時代(こうこうじだい)の 友達(ともだち)に 会(あ)いました。

고등학교 시절 친구를 만났습니다.

Track 68

필수 문장 익히기

昨日(きのう)は 何(なに)を しましたか。 어제는 무엇을 했습니까?

友達(ともだち)と 一緒(いっしょ)に 映画(えいが)を 見(み)ました。 친구와 함께 영화를 봤습니다.

KEY WORD

 漢字(かんじ) 한자	 花束(はなたば) 꽃다발	 お酒(さけ) 술
 車(くるま) 차	 電車(でんしゃ) 전철	 宿題(しゅくだい) 숙제
 タクシー 택시	 コート 코트	 デート 데이트

会話

유키가 회사 동료, 나카야마와 이야기하고 있습니다.

WORD

- 週末(しゅう まつ) 주말
- 高校時代(こう こう じ だい) 고교시절, 고등학교 때
- 友達(とも だち)に 会(あ)う 친구를 만나다
- それで 그래서
- ～と 一緒(いっ しょ)に ～와 함께, ～와 같이
- お酒(さけ)を 飲(の)む 술을 마시다
- 飲(の)みすぎ 과음, 많이 마심
- ～じゃ ないですか ～이(가) 아니에요?,아닙니까?
- あまり 별로, 그다지
- 飲(の)みませんでしたが 마시지 않았습니다만
- 家(うち)に 帰(かえ)る 時(とき) 집에 돌아갈 때
- 気持(き も)ちが 悪(わる)くて 속이 안 좋아서, 느낌이 안 좋아서
- タクシー 택시
- ～に 乗(の)る (교통수단)을(를) 타다

Track 69

中山(なかやま) 山下(やました)さん、おはようございます。
週末(しゅうまつ)は ゆっくり 休(やす)みましたか。

山下(やました) はい。 中山(なかやま)さんは?

中山(なかやま) 私(わたし)は 土曜日(どようび)に 高校時代(こうこうじだい)の 友達(ともだち)に 会(あ)いました。
それで、 友達(ともだち)と 一緒(いっしょ)に 朝(あさ)まで お酒(さけ)を 飲(の)みました。

山下(やました) え〜! 飲(の)みすぎじゃ ないですか。

中山(なかやま) 友達(ともだち)は あまり 飲(の)みませんでしたが、 私(わたし)は……。
家(うち)に 帰(かえ)る 時(とき)は 気持(きも)ちが 悪(わる)くて タクシーに 乗(の)りました。

Tip

보통 '~을/를'에 해당하는 일본어 조사는 「~を」라고 배웠습니다. 그런데 몇 가지 동사 앞에서는 「を」가 아닌 「~に」가 오는데, 본 과에 나오는 「~会(あ)う(만나다)」와 「~乗(の)る(타다)」가 대표적인 동사입니다. 이 외에도 조사 「に」를 수반하는 동사들이 몇 가지 더 있는데, 차차 학습하면서 배워나가도록 하겠습니다.
「~へ」와 「~に」는 일반적으로 '~에, ~으로'라는 뜻으로, 「~へ」는 동작이 진행하는 방향, 행선지를 말할 때 사용하고 「~に」는 「~へ」에 비해 목적의 장소가 분명할 때 사용합니다.

文法まとめ

01 ます형의 현재형, 과거형, 현재 부정형, 과거 부정형

[현재형]	～ます	예 飲みます 마십니다
[과거형]	～ました	예 飲みました 마셨습니다
[현재 부정형]	～ません	예 飲みません 마시지 않습니다
[과거 부정형]	～ませんでした	예 飲みませんでした 마시지 않았습니다

02 동사의 ます형 ② (과거형, 과거 부정형)

	동사의 ます형	ました (과거형) ませんでした (과거 부정형)
1그룹 동사 (5단 동사)	〈u단 → i단 + ます〉 ① る로 끝나되 바로 앞이 a, u, o단인 경우 예 乗る → 乗ります ② る로 끝나지 않는 모든 동사 (う, く, ぐ, す, つ, ぬ, ぶ, む) 예 会う → 会います 飲む → 飲みます ③ (예외 5단 동사) 형태상 2그룹, 활용은 1그룹 예 帰る → 帰ります	예 乗る → 乗りました 乗りませんでした 会う → 会いました 会いませんでした 飲む → 飲みました 飲みませんでした ★帰る → 帰りました 帰りませんでした
2그룹 동사 (상1단 동사 하1단 동사)	る로 끝나되 바로 앞이 i단, e단인 경우 예 見る → 見ます 食べる → 食べます	예 見る → 見ました 見ませんでした 食べる → 食べました 食べませんでした
3그룹 동사 (カ행 변격 동사 サ행 변격 동사)	来る → 来ます する → します	예 来る → 来ました 来ませんでした する → しました しませんでした

03 ます형의 과거형, 과거 부정형 활용 연습

		종 류	～ました(과거형)	～ませんでした(과거 부정형)
買(か)う	사다			
会(あ)う	만나다			
待(ま)つ	기다리다			
持(も)つ	들다, 갖다			
死(し)ぬ	죽다			
飲(の)む	마시다			
読(よ)む	읽다			
遊(あそ)ぶ	놀다			
話(はな)す	이야기하다			
書(か)く	쓰다			
聞(き)く	듣다			
行(い)く	가다			
泳(およ)ぐ	수영하다			
乗(の)る	타다			
ある	있다(무생물)			
帰(かえ)る	돌아가다(오다)			
いる	있다(생물)			
見(み)る	보다			
食(た)べる	먹다			
起(お)きる	일어나다			
寝(ね)る	자다			
教(おし)える	가르치다			
来(く)る	오다			
する	하다			

文法まとめ

〈ます형의 과거형, 과거 부정형 활용 연습 정답〉

		종 류	～ました(과거형)	～ませんでした(과거 부정형)
買う	사다	1 그룹	かいました	かいませんでした
会う	만나다	1 그룹	あいました	あいませんでした
待つ	기다리다	1 그룹	まちました	まちませんでした
持つ	들다, 갖다	1 그룹	もちました	もちませんでした
死ぬ	죽다	1 그룹	しにました	しにませんでした
飲む	마시다	1 그룹	のみました	のみませんでした
読む	읽다	1 그룹	よみました	よみませんでした
遊ぶ	놀다	1 그룹	あそびました	あそびませんでした
話す	이야기하다	1 그룹	はなしました	はなしませんでした
書く	쓰다	1 그룹	かきました	かきませんでした
聞く	듣다	1 그룹	ききました	ききませんでした
行く	가다	1 그룹	いきました	いきませんでした
泳ぐ	수영하다	1 그룹	およぎました	およぎませんでした
乗る	타다	1 그룹	のりました	のりませんでした
ある	있다(무생물)	1 그룹	ありました	ありませんでした
帰る	돌아오다	1 그룹	かえりました	かえりませんでした
いる	있다(생물)	2 그룹	いました	いませんでした
見る	보다	2 그룹	みました	みませんでした
食べる	먹다	2 그룹	たべました	たべませんでした
起きる	일어나다	2 그룹	おきました	おきませんでした
寝る	자다	2 그룹	ねました	ねませんでした
教える	가르치다	2 그룹	おしえました	おしえませんでした
来る	오다	3 그룹	きました	きませんでした
する	하다	3 그룹	しました	しませんでした

04 ～に 会う ～(을)를 만나다, ～に 乗る ～을(를) 타다

学校の 前で 友達に 会いました。

来週の 月曜日に 大学時代の 友達に 会います。

銀座駅で 電車に 乗りました。

私は 毎朝 山田さんの 車に 乗ります。

05 ～ました ～했습니다(ます형의 과거형)

部屋で 新聞を 読みました。

山下さんと コーヒーショップで コーヒーを 飲みました。

明日は 日本語の テストなので、漢字を 覚えました。

06 ～ませんでした ～하지 않았습니다(ます형의 과거 부정형)

鈴木さんは 昨日、会社へ 来ませんでした。

日本語の 宿題を しませんでした。

私は 高橋さんと 一緒に 映画を 見ませんでした。

WORD

- **大学時代**(だい がく じ だい) 대학시절, 대학교 때
- **銀座駅**(ぎん ざ えき) 긴자역
- **電車**(でん しゃ) 전철
- **毎朝**(まい あさ) 매일 아침
- **車**(くるま) 차
- **部屋**(へ や) 방
- **新聞**(しん ぶん)**を 読**(よ)**む** 신문을 읽다
- **漢字**(かん じ)**を 覚**(おぼ)**える** 한자를 외우다
- **宿題**(しゅく だい) 숙제

文法まとめ

07 동사의 기본형 + 時(とき) ~할 때

散歩(さんぽ)する 時(とき)は いつも 犬(いぬ)と 一緒(いっしょ)に 行(い)きます。

私(わたし)は 家(うち)に 帰(かえ)る 時(とき)は いつも バスに 乗(の)ります。

キムさんは お酒(さけ)を 飲(の)む 時(とき)は おつまみを ぜんぜん 食(た)べません。

08 ~くて ~해서(い형용사의 연결형)

気持(きも)ちが 悪(わる)くて 何(なに)も 食(た)べませんでした。

毎日(まいにち) 宿題(しゅくだい)が 多(おお)くて 疲(つか)れます。

WORD

- 散歩(さんぽ)する 산책하다
- いつも 항상, 언제나
- おつまみ 안주
- ぜんぜん 전혀
- 気持(きも)ちが 悪(わる)い 속이 안 좋다, 느낌이 안 좋다
- 何(なに)も 아무것도
- 毎日(まいにち) 매일
- 宿題(しゅくだい) 숙제
- 多(おお)い 많다
- 疲(つか)れる 피곤하다

＊ 표현 PLUS

旅行(りょこう)を する

여행을 하다

車(くるま)を 買(か)う

차를 사다

家(うち)へ 帰(かえ)る

집에 돌아가다(오다)

友達(ともだち)に 会(あ)う

친구를 만나다

電車(でんしゃ)に 乗(の)る

전철을 타다

英語(えいご)を 教(おし)える

영어를 가르치다

漢字(かんじ)を 覚(おぼ)える

한자를 외우다

運動(うんどう)を する

운동을 하다

宿題(しゅくだい)を する

숙제를 하다

話してみましょう

1 그림을 보고 예와 같이 말해 보세요.

예

友達に 会う

A : 昨日は 何を しましたか。

B : 昨日は 友達に 会いました。

1

日本料理を 食べる

A : 週末は 何を しましたか。

2

デパートで コートを 買う

A : 先週の 土曜日は 何を しましたか。

3

恋人と デートを する

A : クリスマスに 何を しましたか。

WORD

- 友達(ともだち)に 会(あ)う 친구를 만나다
- 週末(しゅうまつ) 주말
- 料理(りょうり) 요리
- デパート(department store) 백화점
- コートを 買(か)う 코트를 사다
- クリスマス(Christmas) 크리스마스
- 恋人(こいびと) 애인
- デート(date) 데이트

2 그림을 보고 동사를 자유롭게 활용하여 문장을 만들어 보세요.

예

A : デパートで 何(なに)を 買(か)いましたか。

B : 靴(くつ)と かばんを 買(か)いました。

1

2

3

4

WORD

- デパート(department store) 백화점
- 靴(くつ) 구두
- すし 초밥
- さしみ 회
- てんぷら 튀김
- 紅茶(こうちゃ) 홍차
- アイスクリーム 아이스크림
- 果物屋(くだものや) 과일 가게
- みかん 귤
- いちご 딸기
- もも 복숭아

読んでみましょう

읽어 봅시다

1 다음 내용을 큰 소리로 천천히 읽어 보세요.

Track 70

今日(きょう)は 彼女(かのじょ)の 誕生日(たんじょうび)なので、/ いろいろな プレゼントを / 準備(じゅんび)しました。/

彼女(かのじょ)は 花(はな)が 好(す)きなので、/ 私(わたし)は ばらの 花束(はなたば)を / 買(か)いました。/

それから、 彼女(かのじょ)に / 手紙(てがみ)も 書(か)きました。/

会社(かいしゃ)の 近(ちか)くに / 有名(ゆうめい)な レストランが あるので、/ 7時(しちじ)に 予約(よやく)しました。/

これから、/ 彼女(かのじょ)に 会(あ)います。/ 今(いま)から / とても 楽(たの)しみです。/

2 다음 내용을 실제 속도로 읽어 보세요.

Track 71

今日は彼女の誕生日なので、いろいろなプレゼントを準備しました。
彼女は花が好きなので、私はばらの花束を買いました。
それから、彼女に手紙も書きました。
会社の近くに有名なレストランがあるので、7時に予約しました。
これから、彼女に会います。今からとても楽しみです。

WORD

- **彼女**(かの じょ) 그녀, 여자 친구
- **〜(な)ので** 〜이기 때문에
- **いろいろな プレゼント** 여러 가지 선물
- **準備**(じゅん び)**する** 준비하다
- **ばら** 장미
- **花束**(はな たば) 꽃다발
- **手紙**(て がみ)**を 書**(か)**く** 편지를 쓰다
- **近**(ちか)**く** 근처
- **レストラン** 레스토랑
- **予約**(よ やく)**する** 예약하다
- **これから** 이제, 앞으로
- **今**(いま)**から** 지금부터
- **楽**(たの)**しみだ** 기대가 되다

書いてみましょう

써 봅시다

다음 예와 같이 일본어로 써 보세요.

1

예

A : 電話(でんわ)を かけましたか。

B : はい、電話(でんわ)を かけました。

いいえ、電話(でんわ)を かけませんでした。

1

A : 昨日(きのう)、デートを しましたか。

B : ______________________________。

______________________________。

2

A : 車(くるま)に 乗(の)りましたか。

B : ______________________________。

______________________________。

3

A : 新聞(しんぶん)を 読(よ)みましたか。

B : ______________________________。

______________________________。

4

A : 中国(ちゅうごく)へ 行(い)きましたか。

B : ______________________________。

______________________________。

WORD

- 電話(でんわ)を かける 전화를 걸다
- 昨日(きのう) 어제
- デートを する 데이트를 하다
- 車(くるま)に 乗(の)る 차를 타다
- 新聞(しんぶん)を 読(よ)む 신문을 읽다
- 中国(ちゅうごく)へ 行(い)く 중국에 가다

聞いてみましょう

들어 봅시다

A 잘 듣고 밑줄 친 부분에 써 보세요.

Track 72

1 学校(がっこう)の 前(まえ)で 車(くるま)に＿＿＿＿＿＿＿＿＿＿ 。

2 昨日(きのう)は 友達(ともだち)＿＿＿＿ 会(あ)いませんでした。

3 部屋(へや)＿＿＿＿ 新聞(しんぶん)を 読(よ)みました。

B 그림을 보고 질문에 대한 답으로 올바른 것을 고르세요.

1

2

정답	① ② ③

정답	① ② ③

漢字・カタカナ練習

한 자 다음 한자를 읽고 써 보세요.

花
꽃 **화**

花束
はな　たば
꽃다발

花束
はな　たば

보기 花屋(**はな**や) 꽃가게, 花見(**はな**み) 꽃구경

車
수레 **차**

電車
でん　しゃ
전철

電車
でん　しゃ

보기 自動車(じどう**しゃ**) 자동차, 自転車(じてん**しゃ**) 자전거

題
제목 **제**

宿題
しゅく　だい
숙제

宿題
しゅく　だい

보기 問題(もん**だい**) 문제, 話題(わ**だい**) 화제

가타카나 다음 가타카나를 써 보세요.

タクシー
taxi 택시

タクシー

タクシー

デート
date 데이트

デート

デート

会話復習

회화 복습

Track 73

다음의 『会話(かいわ)/회화』 스크립트를 보면서 복습해 보세요.

부록

회화, 읽어 봅시다 해석

써 봅시다, 들어 봅시다 정답

2과

회화

기무라　야마시타 씨, 이쪽은 김세민 씨입니다.
김　처음 뵙겠습니다. 김세민입니다.
잘 부탁드립니다
야마시타　처음 뵙겠습니다. 야마시타 유키입니다.
잘 부탁드립니다.
김 씨는 학생입니까?
김　네, 그렇습니다.
야마시타 씨도 학생입니까?
야마시타　아니요. 저는 학생이 아닙니다. 회사원입니다.

읽어봅시다

처음 뵙겠습니다. 저는 야마시타 유키입니다.
저는 일본인입니다.
이쪽은 기무라 씨입니다. 기무라 씨도 일본인입니다.
이쪽은 김세민 씨입니다. 김 씨는 한국인입니다.
기무라 씨도 김 씨도 학생입니다.
둘은 친구입니다.

3과

회화

이　다카하시 씨, 그것은 무엇입니까?
다카하시　이것은 마네키네코예요.
이　마네키네코?
다카하시　일본의 마네키네코는 행운의 상징이에요.
이　에~, 그래요?
다카하시　이것은 선물입니다. 여기요.
이　와~, 정말로 제 것입니까?
감사합니다.

읽어봅시다

이것은 일본의 마네키네코입니다. 마네키네코는 행운의 상징입니다.
마네키네코의 오른손은 돈의 의미입니다. 왼손은 손님의 의미입니다.
이 마네키네코는 다카하시 씨로부터 받은 선물이거든요.
이것은 유카타 사진입니다. 유카타는 일본 것입니다.
이것은 게타입니다. 게타도 일본 것입니다.

4과

회화

김　여보세요, 링 씨? 김세민이에요.
링　아~, 김 씨? 잘 지내요?
김　네, 덕분에요. 저는 지금 일본이에요.
링　엣, 벌써요? 저는 아직 상해인데요.
휴일은 다음 주까지 아니에요?
김　네, 하지만 내일부터 아르바이트거든요.
상해는 지금 몇 시예요?
링　4시 30분이요. 도쿄는요?
김　도쿄는 5시 30분이에요.

읽어봅시다

링 씨는 중국인 유학생입니다.
그녀는 제 친구입니다만, 우리 반은 아닙니다.
우리 반은 오전 9시부터입니다만, 그녀의 반은 오후 1시부터입니다.
우리 학교의 휴일은 다음 주까지입니다.
링 씨는 다다음 주부터 아르바이트입니다만, 저는 내일부터 아르바이트입니다.

5과

회화

(불고깃집에서)
점원　어서 오십시오.
김　저, 실례합니다. 오늘의 추천 요리는 무엇입니까?
점원　오늘은 갈비입니다.
김　그렇습니까? 얼마입니까?
점원　1인분에 490엔입니다.
김　그럼, 2인분 부탁합니다.
그리고 김치와 양파도 주세요.
점원　네.
(식사 후)
점원　갈비 2인분은 980엔, 김치와 양파는 320엔, 합해서 1300엔입니다.
김　에! 김치가 320엔?

읽어봅시다

이 가게는 불고깃집입니다.
가게 이름은 '이치방'입니다.

'이치방'의 요리는 맛있습니다. 이것은 메뉴입니다.
오늘의 추천 요리는 갈비입니다.
갈비 1인분은 490엔, 2인분은 980엔입니다.
그리고 김치는 330엔, 양파는 290엔입니다.

6과

회화

야마시타	다니엘 씨, 생일이 언제예요?
다니엘	4월 20일이에요.
야마시타	에! 오늘이에요? 생일 축하해요.
다니엘	아, 죄송해요. 7월 20일이에요. 제 생일은 일본의 '바다의 날'이거든요.
야마시타	아, '바다의 날'은 전에는 7월 20일이었는데, 지금은 7월 셋째 주 월요일이에요.
다니엘	에~, 그래요?

읽어봅시다

오늘은 4월 20일 금요일입니다.
오늘은 제 생일입니다.
그리고 다카하시 씨 생일도 오늘입니다.
다카하시 씨는 학교 친구입니다.
이것은 저와 다카하시 씨의 사진입니다.
다카하시 씨는 제 친한 친구입니다.

7과

회화

야마시타	오늘은 날씨가 좋네요.
김	네, 그렇네요. 하지만, 어제보다 별로 덥지 않네요. 야마시타 씨, 얼마 전 괌 여행은 어땠습니까?
야마시타	참 즐거웠습니다. 음식도 맛있고 쌌습니다.
김	그거 잘됐네요.
야마시타	게다가 가게는 어디나 면세였어요. 역시 괌은 쇼핑 천국이네요.

읽어봅시다

얼마 전 괌 여행은 아주 즐거웠습니다.
괌 여행은 처음입니다. 괌은 쇼핑 천국이었습니다.
가게는 어디나 면세였습니다.
게다가 음식도 아주 맛있고 쌌습니다.
그리고 괌은 아주 좋은 날씨였습니다만,
도쿄보다 더웠습니다.

8과

회화

링	우와~, 이 사람은 누구예요? 멋있네요.
다카하시	유명한 일본 가수예요. 노래를 참 잘해요. 저는 그의 노래 중에서 '약속'을 가장 좋아해요.
링	그래요? 키도 크고 노래도 잘하고 제 타입이에요. 그런데, 다카하시 씨는 어떤 타입을 좋아해요?
다카하시	저는 예쁘고 친절한 사람을 좋아해요.
링	에~, 다카하시 씨의 여자 친구는 그런 타입이에요?
다카하시	음~, 그건 좀…….

읽어봅시다

이것은 일본의 유명한 가수의 사진입니다.
이 사람은 요즘 20대 여성들에게 인기가 많습니다.
저도 이 사람을 많이 좋아합니다.
키도 크고 얼굴도 잘생겼고 제 타입입니다.
게다가 그는 노래를 참 잘하거든요.
저는 그의 노래 중에서 '운명'을 가장 좋아합니다.

9과

회화

야마시타	이노우에 씨, 어제 서류는 어디에 있어요?
이노우에	어제 서류요? 아마 사토 씨 책상 위 아니에요?
야마시타	……어? 정말 사토 씨 책상 위예요?
이노우에	거기 없습니까? 음……. 아! 여기에 있어요. 여기요.
야마시타	감사합니다. 그런데 사토 씨는 어디에 있어요?
이노우에	기무라 과장님과 회의실에 있어요.

읽어봅시다

우리 회사는 신주쿠 역 근처에 있습니다.
집에서는 그다지 멀지 않습니다.
회사의 맞은편에는 편의점이 있습니다.
그 편의점 옆에는 서점이 있습니다.
그리고 회사 옆에는 은행이 있습니다.
은행 뒤에는 백화점이 있습니다만,
백화점에는 항상 사람이 많습니다.

10과

회화

김　링 씨는 몇 식구예요?
링　다섯 식구예요.
김　에~, 그럼 몇 형제예요?
링　삼 형제고, 저는 막내예요.
김　저와 반대군요. 저는 장남이에요.
링　김 씨는 몇 식구예요?
김　아버지와 어머니와 여동생과 저 네 식구예요.
　　이것은 가족 사진이에요.
링　와~! 김 씨와 아버지 붕어빵이네요.
김　네, 저는 아버지 닮았어요.

읽어봅시다

이것은 우리 가족 사진입니다.
이것은 아버지입니다. 아버지는 의사입니다. 아버지는 키가 크고 자상합니다.
이것은 어머니입니다. 어머니는 요리 선생님이고, 한국 요리를 잘합니다.
제일 왼쪽은 누나입니다. 누나는 회사원입니다. 제일 오른쪽은 저입니다.
우리 가족은 고양이를 많이 좋아합니다. 그래서 고양이도 한 마리 있습니다.

11과

회화

김　야마시타 씨는 매일 아침 몇 시에 일어나요?
야마시타　5시 반에 일어나요.
김　에~! 빠르네요.
야마시타　네, 집에서 회사까지 멀기 때문에 일찍 일어나요.
김　그래요? 매일 힘들겠네요.
　　그럼, 주말은 푹 쉬어요?
야마시타　네, 아침에는 푹 자는데, 오후에는 보통 공원에 가요.
　　운동 부족이기 때문에 공원에서 가볍게 운동을 해요.

읽어봅시다

우리 집 근처에는 커피숍이 있습니다.
그 커피숍에는 항상 예쁜 꽃과 그림이 있습니다.
저는 종종 친구와 함께 거기에 갑니다.
저는 항상 카페라테를 마십니다. 카페라테는 아주 맛있습니다.
케이크도 맛있어서, 종종 친구와 먹습니다.
저는 가끔 혼자서 갑니다. 혼자서 천천히 음악을 듣습니다.

12과

회화

나카야마　야마시타 씨, 안녕하세요?
　　주말은 푹 쉬었어요?
야마시타　네. 나카야마 씨는요?
나카야마　저는 토요일에 고등학교 시절 친구를 만났어요. 그래서 친구와 함께 아침까지 술을 마셨어요.
야마시타　에~! 너무 많이 마신 거 아니에요?
나카야마　친구는 별로 마시지 않았는데, 저는…….
　　집에 돌아갈 때는 속이 안 좋아서 택시를 탔어요.

읽어봅시다

오늘은 여자 친구 생일이기 때문에 여러 가지 선물을 준비했습니다.
그녀는 꽃을 좋아하기 때문에 저는 장미 꽃다발을 샀습니다.
그리고 여자 친구에게 편지도 썼습니다.
회사 근처에 유명한 레스토랑이 있어서, 7시로 예약했습니다.
이제 여자 친구를 만납니다. 지금부터 아주 기대가 됩니다.

書いてみましょう, 聞いてみましょう

2과

써 봅시다

1 B：はい、私(わたし)は 銀行員(ぎんこういん)です。
いいえ、私(わたし)は 銀行員(ぎんこういん)じゃ ありません。

2 B：はい、私(わたし)は 警察官(けいさつかん)です。
いいえ、私(わたし)は 警察官(けいさつかん)じゃ ありません。

3 B：はい、私(わたし)は 大学生(だいがくせい)です。
いいえ、私(わたし)は 大学生(だいがくせい)じゃ ありません。

4 B：はい、私(わたし)は 公務員(こうむいん)です。
いいえ、私(わたし)は 公務員(こうむいん)じゃ ありません。

들어 봅시다

A

1 は，です

2 学生(がくせい)

3 よろしく

해석

1 처음 뵙겠습니다. 저는 야마시타 유키입니다.

2 아니요, 저는 학생이 아닙니다.

3 잘 부탁합니다.

B

1 ②

스크립트

A：はじめまして。私(わたし)は イ・ミンホです。

B：① いいえ、私(わたし)は 医者(いしゃ)じゃ ありません。
② はじめまして。私(わたし)は 吉田瞳(よしだひとみ)です。
③ 私(わたし)は 韓国人(かんこくじん)です。

해석

A： 처음 뵙겠습니다. 저는 이민호입니다.

B： ① 아니요, 저는 의사가 아닙니다.
② 처음 뵙겠습니다. 저는 요시다 히토미입니다.
③ 저는 한국인입니다.

2 ③

스크립트

A：山下(やました)さんは 学生(がくせい)ですか。

B：① はい、私(わたし)は 学生(がくせい)です。
② 私(わたし)も 日本人(にほんじん)です。
③ いいえ、私(わたし)は 学生(がくせい)じゃ ありません。
会社員(かいしゃいん)です。

해석

A： 야마시타 씨는 학생입니까?

B： ① 네, 저는 학생입니다.
② 저도 일본인입니다.
③ 아니요, 저는 학생이 아닙니다. 회사원입니다.

3과

써 봅시다

1 B：これは 机(つくえ)です。

2 B：それは 椅子(いす)です。

3 B：あれは 傘(かさ)です。

4 B：これは 靴(くつ)です。

5 B：それは 鉛筆(えんぴつ)です。

들어 봅시다

A

1 の

2 の, じゃ

3 なん

해석

1 모리 씨는 일본어 선생님입니다.

2 이것은 하시모토 씨 가방입니다. 제 것이 아닙니다.

3 이것은 다카하시 씨로부터 받은 선물입니다.
이것은 행운의 상징입니다.

B

1 ②

스크립트

A: これは 何(なん)ですか。

B: ① これも 私(わたし)のです。

② それは 辞書(じしょ)です。

③ いいえ、それは 私(わたし)のじゃ ありません。

해석

A : 이것은 무엇입니까?

B : ① 이것도 제 것입니다.

② 그건 사전입니다.

③ 아니요, 그것은 제 것이 아닙니다.

2 ①

스크립트

A: あの 人(ひと)は 誰(だれ)ですか。

B: ① あの 人(ひと)は ダニエルさんです。

② あれは ダニエルさんのです。

③ はい、あの 人(ひと)は アメリカ人(じん)です。

해석

A : 저 사람은 누구입니까?

B : ① 저 사람은 다니엘 씨입니다.

② 저것은 다니엘 씨 것입니다.

③ 네, 저 사람은 미국인입니다.

4과

써 봅시다

1

1 しちじ よんじゅっぷん

2 じゅうじ にじゅうごふん

2

1 午前(ごぜん) 9時(くじ), 午後(ごご) 4時(よじ)

2 午前(ごぜん) 10時(じゅうじ), 午後(ごご) 7時(しちじ) 30分(さんじゅっぷん)(半(はん))

들어 봅시다

A

1 5時(ごじ) 10分(じゅっぷん)

2 来週(らいしゅう)

3 9時(くじ), 7時(しちじ)

해석

1 일본은 지금 5시 10분입니다.

2 학교 휴일은 다음 주까지 아니에요?

3 기무라 씨 회사는 오전 9시부터 오후 7시까지입니다.

B

1 ③

스크립트

A：キムさん、今(いま) 何時(なんじ)ですか。

B: ① 2時(にじ)から 4時(よじ)までです。

② スーパーは 8時(はちじ)までです。

③ 6時半(ろくじはん)です。

해석

A：김 씨, 지금 몇 시입니까?

B： ① 2시부터 4시까지입니다.

② 슈퍼는 8시까지입니다.

③ 6시 반입니다.

2 ②

스크립트

A: バイトは 何時(なんじ)から 何時(なんじ)までですか。

B: ① 明日(あした)から バイトなんです。

② 午後(ごご) 2時(にじ)から 6時(ろくじ)までです。

③ バイトは 来週(らいしゅう)からじゃ ないですか。

해석

A： 아르바이트는 몇 시부터 몇 시까지입니까?

B： ① 내일부터 아르바이트거든요.

② 오후 2시부터 6시까지입니다.

③ 아르바이트는 다음 주부터 아니에요?

5과

써 봅시다

1

1 A：ラーメン

B：ろっぴゃく

2 A：お好(この)み焼(や)き

B：はっぴゃくごじゅう

3 A：すしセット

B：にせんごひゃく

4 A：靴(くつ)

B：ろくせん

5 A：デジカメ

B： にまんさんぜん

들어 봅시다

A

1 250

2 150

3 630

해석

1 치즈버거는 250엔입니다.

2 콜라는 150엔입니다.

3 치킨버거 세트는 630엔입니다.

스크립트

1 A: あの、すみません。
チーズバーガーは いくらですか。

B: 250円(えん)です。

2 A: あの、すみません。コーラは いくらですか。

B: 150円(えん)です。

3 A: あの、すみません。チキンバーガーセットは いくらですか。

B: 630円(えん)です。

해석

1 A: 저, 실례합니다. 치즈버거는 얼마입니까?

B: 250엔입니다.

2 A: 저, 실례합니다. 콜라는 얼마입니까?

B: 150엔입니다.

3 A: 저, 실례합니다. 치킨버거 세트는 얼마입니까?

B: 630엔입니다.

B

1 ③

스크립트

A: オレンジジュースは いくらですか。

B: ① 150円(えん)です。

② 160円(えん)です。

③ 200円(えん)です。

해석

A: 오렌지 주스는 얼마입니까?

B: ① 150엔입니다.

② 160엔입니다.

③ 200엔입니다.

2 ②

스크립트

A: チーズバーガーと チキンバーガー ください。

B: ① チーズバーガーは いくらですか。

② はい、合計(ごうけい) 600円(えん)です。

③ それから ポテトも ください。

해석

A: 치즈버거와 치킨버거 주세요.

B: ① 치즈버거는 얼마입니까?

② 네, 합해서 600엔입니다.

③ 그리고 감자튀김도 주세요.

6과

써 봅시다

1

1 A：旅行(りょこう)

B：いちがつ とおか, じゅうごにち

2 A：夏休(なつやす)み

B：しちがつ じゅうよっか, はちがつ はつか

3 A：祭(まつ)り

B：くがつ よっか, ようか

4 A：コンサート

B：じゅうにがつ にじゅうよっか,
さんじゅういちにち

들어 봅시다

A

1 2月8日(にがつようか)

2 7月21日(しちがつにじゅういちにち)

3 水曜日(すいようび), 金曜日(きんようび)

해석

1 제 생일은 2월 8일입니다.

2 학교 휴일은 7월 21일입니다.

3 시험은 수요일부터 금요일까지입니다.

B

1 ①

스크립트

A: 山下(やました)さんの 誕生日(たんじょうび)は いつですか。

B: ① 1月(いちがつ) 4日(よっか)です。

② 1月(いちがつ) 8日(ようか)です。

③ 2月(にがつ) 4日(よっか)です。

해석

A: 야마시타 씨 생일은 언제입니까?

B: ① 1월 4일입니다.

② 1월 8일입니다.

③ 2월 4일입니다.

2 ③

스크립트

A: 学校(がっこう)の 祭(まつ)りは いつからですか。

B: ① 1月(いちがつ) 10日(とおか)からです。

② 1月(いちがつ) 12日(じゅうににち)からです。

③ 1月(いちがつ) 22日(にじゅうににち)からです。

해석

A: 학교 축제는 언제부터입니까?

B: ① 1월 10일부터입니다.

② 1월 12일부터입니다.

③ 1월 22일부터입니다.

7과

써 봅시다

1

기본형	大(おお)きい	高(たか)い
정중형	大(おお)きいです	高(たか)いです
명사 수식형	大(おお)きい 机(つくえ)	高(たか)い かばん
과거형	大(おお)きかったです	高(たか)かったです
부정형	大(おお)きく ありません 大(おお)きく ないです	高(たか)く ありません 高(たか)く ないです
과거 부정형	大(おお)きく ありませんでした 大(おお)きく なかったです	高(たか)く ありませんでした 高(たか)く なかったです
부사형	大(おお)きく	高(たか)く
연결형	大(おお)きくて	高(たか)くて

기본형	かわいい	いい
정중형	かわいいです	いいです, よいです
명사 수식형	かわいい 猫(ねこ)	いい 天気(てんき), よい 天気(てんき)
과거형	かわいかったです	よかったです
부정형	かわいく ありません かわいく ないです	よく ありません よく ないです
과거 부정형	かわいく ありませんでした かわいく なかったです	よく ありませんでした よく なかったです
부사형	かわいく	よく
연결형	かわいくて	よくて

들어 봅시다

A

1. 安(やす)くて おいしい
2. 多(おお)く
3. よかった

해석

1. 이 레스토랑은 싸고 맛있습니다.
2. 양은 그다지 많지 않습니다.
3. 서비스도 아주 좋았습니다.

B

1 ②

스크립트

① この 時計(とけい)は 優(やさ)しいです。

② この 時計(とけい)は 安(やす)いです。

③ この 時計(とけい)は 野菜(やさい)です。

해석

① 이 시계는 자상합니다.
② 이 시계는 쌉니다.
③ 이 시계는 야채(채소)입니다.

2 ①

스크립트

① 高橋(たかはし)さんは とても 背(せ)が 高(たか)いです。

② 高橋(たかはし)さんは あまり 背(せ)が 高(たか)く ありません。

③ 林(はやし)さんは とても 背(せ)が 高(たか)いです。

해석

① 다카하시 씨는 키가 아주 큽니다.
② 다카하시 씨는 그다지 키가 크지 않습니다.
③ 하야시 씨는 키가 아주 큽니다.

8과

써 봅시다

1

기본형	静(しず)かだ	好(す)きだ
정중형	静(しず)かです	好(す)きです
명사 수식형	静(しず)かな 部屋(へや)	好(す)きな 人(ひと)
과거형	静(しず)かでした	好(す)きでした
부정형	静(しず)かじゃ ありません 静(しず)かじゃ ないです	好(す)きじゃ ありません 好(す)きじゃ ないです
과거 부정형	静(しず)かじゃ ありませんでした 静(しず)かじゃ なかったです	好(す)きじゃ ありませんでした 好(す)きじゃ なかったです
부사형	静(しず)かに	好(す)きに
연결형	静(しず)かで	好(す)きで

기본형	元気(げんき)だ	きれいだ
정중형	元気(げんき)です	きれいです
명사 수식형	元気(げんき)な 子供(こども)	きれいな 花(はな)

과거형	元気(げんき)でした	きれいでした
부정형	元気(げんき)じゃ ありません 元気(げんき)じゃ ないです	きれいじゃ ありません きれいじゃ ないです
과거 부정형	元気(げんき)じゃ ありませんでした 元気(げんき)じゃ なかったです	きれいじゃ ありませんでした きれいじゃ なかったです
부사형	元気(げんき)に	きれいに
연결형	元気(げんき)で	きれいで

들어 봅시다

A

1 にぎやかな

2 まじめで

3 が, じゃ ありません

해석

1 하라주쿠는 번화한 거리입니다.

2 미우라 씨는 성실하고 친절한 학생입니다.

3 저는 영어를 그다지 잘 못합니다.

B

1 ②

스크립트

① 渡辺(わたなべ)さんは とても まじめです。

② 渡辺(わたなべ)さんは とても 元気(げんき)です。

③ 中村(なかむら)さんは あまり 元気(げんき)じゃ ありません。

해석

① 와타나베 씨는 아주 성실합니다.
② 와타나베 씨는 아주 건강합니다.
③ 나카무라 씨는 그다지 건강하지 않습니다.

2 ③

스크립트

① この 街(まち)の 交通(こうつう)は とても 便利(べんり)です。

② この 街(まち)は とても 静(しず)かです。

③ この 街(まち)の 交通(こうつう)は あまり 便利(べんり)では ありません。

해석

① 이 거리의 교통은 아주 편리합니다.
② 이 거리는 아주 조용합니다.
③ 이 거리의 교통은 그다지 편리하지 않습니다.

9과

써 봅시다

1

1 犬(いぬ)は 椅子(いす)の 下(した)に います。
犬(いぬ)は 椅子(いす)の 下(した)に いません。

2 バス停(てい)は 会社(かいしゃ)の 前(まえ)に あります。
バス停(てい)は 会社(かいしゃ)の 前(まえ)に ありません。

3 高橋(たかはし)さんは 鈴木(すずき)さんの 右(みぎ)に います。
高橋(たかはし)さんは 鈴木(すずき)さんの 右(みぎ)に いません。

4 郵便局(ゆうびんきょく)は 銀行(ぎんこう)の 隣(となり)に あります。
郵便局(ゆうびんきょく)は 銀行(ぎんこう)の 隣(となり)に ありません。

들어 봅시다

A

1 あそこ

2 いません

3 前(まえ)

해석

1 화장실은 저기에 있습니다.

2 고양이는 의자 위에 없습니다.

3 집 앞에 차가 있습니다.

B

1 ③

스크립트

① 机(つくえ)の 中(なか)に 書類(しょるい)が あります。
② 書類(しょるい)は 机(つくえ)の 上(うえ)に ありません。
③ 机(つくえ)の 上(うえ)に 靴(くつ)が あります。

해석

① 책상 안에 서류가 있습니다.
② 서류는 책상 위에 없습니다.
③ 책상 위에 구두가 있습니다.

2 ②

스크립트

① 学校(がっこう)の 前(まえ)に 郵便局(ゆうびんきょく)が あります。
② 学校(がっこう)の 隣(となり)に 郵便局(ゆうびんきょく)が あります。
③ 学校(がっこう)の 後(うし)ろに 郵便局(ゆうびんきょく)が あります。

해석

① 학교 앞에 우체국이 있습니다.
② 학교 옆에 우체국이 있습니다.
③ 학교 뒤에 우체국이 있습니다.

10과

써 봅시다

1

1 いっさつ

2 さんがい

3 いっぴき

4 よにん

들어 봅시다

A

1 1階(いっかい)

2 みっつ

3 1冊(いっさつ)

해석

1 회의실은 1층에 있습니다.

2 접시 위에 사과가 3개 있습니다.

3 의자 밑에 책이 1권 있습니다.

B

1 ①

스크립트

① 机(つくえ)の 上(うえ)に りんごが よっつ あります。
② 机(つくえ)の 上(うえ)に りんごが むっつ あります。
③ 机(つくえ)の 上(うえ)に りんごが ふたつ あります。

해석

① 책상 위에 사과가 4개 있습니다.
② 책상 위에 사과가 6개 있습니다.
③ 책상 위에 사과가 2개 있습니다.

2 ②

스크립트

① 父と 母と 兄 2人と 私の 5人家族です。
② 父と 母と 姉 2人と 私の 5人家族です。
③ 父と 母と 弟 と 私の 4人家族です。

해석

① 아버지, 어머니, 형 두 명과 저, 다섯 식구입니다.
② 아버지, 어머니, 누나 두 명과 저, 다섯 식구입니다.
③ 아버지, 어머니, 남동생과 저, 네 식구입니다.

11과

써 봅시다

1

1 B：はい、メールを 書きます。
　　いいえ、メールを 書きません。

2 B：はい、英語を 教えます。
　　いいえ、英語を 教えません。

3 B：はい、家へ 帰ります。
　　いいえ、家へ 帰りません。

4 B：はい、学校へ 行きます。
　　いいえ、学校へ 行きません。

들어 봅시다

A

1 7時に

2 ゆっくり

3 食べません

해석

1 저는 매일 아침 7시에 일어납니다.
2 토요일은 푹 잡니다.
3 스즈키 씨는 아침밥을 안 먹습니다.

B

1 ①

스크립트

A：佐藤さんは 2時から 4時まで 何を しますか。
B：① 運動を します。
　② 朝ご飯を 食べます。
　③ 図書館で 勉強を します。

해석

A: 사토 씨는 2시부터 4시까지 무엇을 합니까?
B: ① 운동을 합니다.
　② 아침밥을 먹습니다.
　③ 도서관에서 공부를 합니다.

2 ③

스크립트

A：林さんは お酒を 飲みますか。
B：① はい、お酒を 飲みます。
　② いいえ、お酒は どこに ありますか。
　③ いいえ、お酒は 飲みません。

해석

A : 하야시 씨는 술을 마십니까?
B : ① 네, 술을 마십니다.
② 아니요, 술은 어디에 있습니까?
③ 아니요, 술은 안 마십니다.

12과

써 봅시다

1

1 B : はい、昨日(きのう) デートを しました。
いいえ、昨日(きのう) デートを しませんでした。

2 B : はい、車(くるま)に 乗(の)りました。
いいえ、車(くるま)に 乗(の)りませんでした。

3 B : はい、新聞(しんぶん)を 読(よ)みました。
いいえ、新聞(しんぶん)を 読(よ)みませんでした。

4 B : はい、中国(ちゅうごく)へ 行(い)きました。
いいえ、中国(ちゅうごく)へ 行(い)きませんでした。

들어 봅시다

A

1 乗(の)りました
2 に
3 で

해석

1 학교 앞에서 차를 탔습니다.
2 어제는 친구를 만나지 않았습니다.
3 방에서 신문을 읽었습니다.

B

1 ③

스크립트

A : 橋本(はしもと)さん、本屋(ほんや)で 何(なに)を 買(か)いましたか。
B : ① 辞書(じしょ)は 高(たか)くて 買(か)いませんでした。
② 本(ほん)と 雑誌(ざっし)を 買(か)いました。
③ 何(なに)も 買(か)いませんでした。

해석

A : 하시모토 씨, 서점에서 무엇을 샀습니까?
B : ① 사전은 비싸서 사지 않았습니다.
② 책과 잡지를 샀습니다.
③ 아무것도 사지 않았습니다.

2 ②

스크립트

A : 昨日(きのう)は 何(なに)を しましたか。
B : ① ゆっくり 休(やす)みました。
② 友達(ともだち)と 一緒(いっしょ)に 運動(うんどう)を しました。
③ 図書館(としょかん)で 勉強(べんきょう)を しました。

해석

A : 어제는 무엇을 했습니까?
B : ① 푹 쉬었습니다.
② 친구와 같이 운동을 했습니다.
③ 도서관에서 공부를 했습니다.

일본어뱅크

귀와 입이 저절로 열리는

감바레 がんばれ 일본어 워크북

문선희 · 유창석 · 김영 지음

STEP 1

동양북스

일본어뱅크

귀와 입이 저절로 열리는

감바레 がんばれ 일본어 워크북

STEP 1

동양북스

1과 ❶ 히라가나 청음 清音(せいおん)

あ행 본책 16쪽

DATE : . .

あ
[a]

あ	あ	あ		

あい
사랑

い
[i]

い	い	い		

いえ
집

う
[u]

う	う	う		

うえ
위

え
[e]

え	え	え		

え
그림

お
[o]

お	お	お		

あお
파랑

か행 본책 16쪽

DATE :   .   .

か [ka]

か	か	か		

か
모기

き [ki]

き	き	き		

き
나무

く [ku]

く	く	く		

きく
국화

け [ke]

け	け	け		

いけ
연못

こ [ko]

こ	こ	こ		

あいこ
비김

사행 본책 17쪽

DATE : . .

さ

[sa]

さ さ さ

かさ
우산

し

[shi]

し し し

いし
돌

す

[su]

す す す

すし
초밥

せ

[se]

せ せ せ

せき
기침

そ

[so]

そ そ そ

うそ
거짓말

た행 본책 17쪽

DATE : . .

た
①②③④

[ta]

た	た	た		

たこ
문어

ち
①②

[chi]

ち	ち	ち		

ちち
아버지

つ
①

[tsu]

つ	つ	つ		

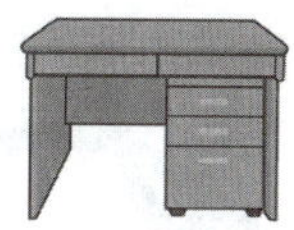

つくえ
책상

て
①

[te]

て	て	て		

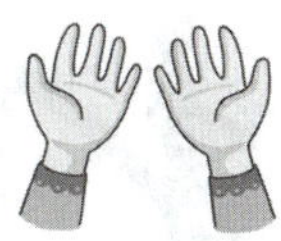

て
손

と
①②

[to]

と	と	と		

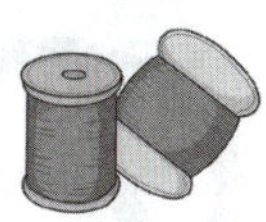

いと
실

な행 본책 18쪽

DATE : . .

な
[na]

な	な	な		

なし
배

に
[ni]

に	に	に		

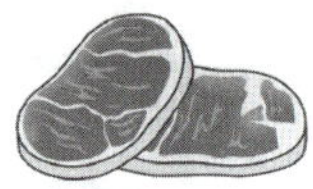

にく
고기

ぬ
[nu]

ぬ	ぬ	ぬ		

いぬ
개

ね
[ne]

ね	ね	ね		

ねこ
고양이

の
[no]

の	の	の		

きのこ
버섯

は행 본책 18쪽

DATE : . .

は

[ha]

は	は	は		

はな
꽃

ひ

[hi]

ひ	ひ	ひ		

ひと
사람

ふ

[fu]

ふ	ふ	ふ		

ふね
배

へ

[he]

へ	へ	へ		

へそ
배꼽

ほ

[ho]

ほ	ほ	ほ		

ほし
별

ま행 본책 19쪽

DATE : . .

ま
[ma]

ま	ま	ま		

うま
말

み
[mi]

み	み	み		

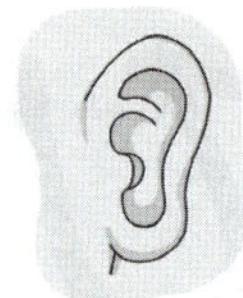

みみ
귀

む
[mu]

む	む	む		

むし
벌레

め
[me]

め	め	め		

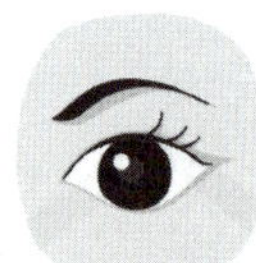

め
눈

も
[mo]

も	も	も		

もも
복숭아

や행 본책 19쪽

DATE :　　.　　.

や

[ya]

や	や	や		

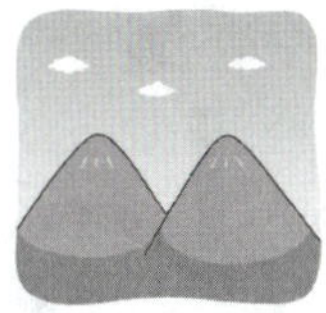

やま
산

ゆ

[yu]

ゆ	ゆ	ゆ		

ゆき
눈

よ

[yo]

よ	よ	よ		

よめ
며느리

ら행 본책 20쪽

DATE : . .

ら

[ra]

ら	ら	ら		

そら
하늘

り

[ri]

り	り	り		

ゆり
백합

る

[ru]

る	る	る		

さる
원숭이

れ

[re]

れ	れ	れ		

はれ
(날씨가)맑음

ろ

[ro]

ろ	ろ	ろ		

ろく
6(여섯)

わ행, ん 본책 20쪽

DATE : . .

わ
[wa]

わ わ わ

わたし
나

を
[o]

を を を

を
~을/를

ん
[N]

ん ん ん

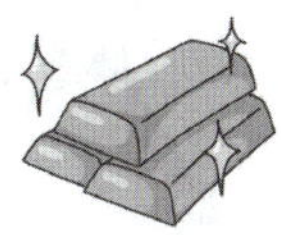

きん
금

が행

본책 21쪽

DATE :　　.　　.

が [ga]

が	が	が		

めがね
안경

ぎ [gi]

ぎ	ぎ	ぎ		

かぎ
열쇠

ぐ [gu]

ぐ	ぐ	ぐ		

かぐ
가구

げ [ge]

げ	げ	げ		

げた
나막신

ご [go]

ご	ご	ご		

ごはん
밥

ざ행 본책 21쪽

DATE : . .

ざ [za]

ざ	ざ	ざ		

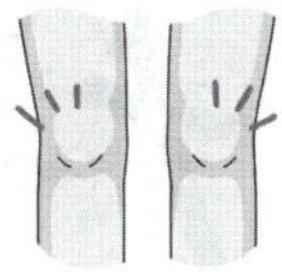

ひざ
무릎

じ [ji]

じ	じ	じ		

かんじ
한자

ず [zu]

ず	ず	ず		

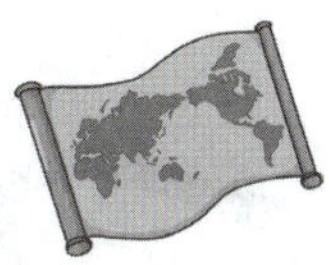

ちず
지도

ぜ [ze]

ぜ	ぜ	ぜ		

かぜ
바람

ぞ [zo]

ぞ	ぞ	ぞ		

かぞく
가족

だ행 본책 22쪽

DATE :   .   .

だ

[da]

だ	だ	だ		

だいこん
무

ぢ

[ji]

ぢ	ぢ	ぢ		

はなぢ
코피

づ

[zu]

づ	づ	づ		

こづつみ
소포

で

[de]

で	で	で		

でんわ
전화

ど

[do]

ど	ど	ど		

まど
창문

ば행 본책 22쪽

DATE : . .

ば
[ba]

ば	ば	ば		

そば
소바

び
[bi]

び	び	び		

えび
새우

ぶ
[bu]

ぶ	ぶ	ぶ		

ぶた
돼지

べ
[be]

べ	べ	べ		

かべ
벽

ぼ
[bo]

ぼ	ぼ	ぼ		

そぼ
조모

ぱ행 본 책 23쪽

DATE : . .

ぱ

[pa]

ぱ	ぱ	ぱ		

かんぱい
건배

ぴ

[pi]

ぴ	ぴ	ぴ		

ぴかぴか
반짝반짝

ぷ

[pu]

ぷ	ぷ	ぷ		

おんぷ
음표

ぺ

[pe]

ぺ	ぺ	ぺ		

ぺこぺこ
배가 몹시 고픈 모양

ぽ

[po]

ぽ	ぽ	ぽ		

さんぽ
산책

きゃ행 본책 24쪽

본책 24쪽

DATE : . .

きゃ [kya]	きゃ				
きゅ [kyu]	きゅ				
きょ [kyo]	きょ				

ぎゃ행

ぎゃ [gya]	ぎゃ				
ぎゅ [gyu]	ぎゅ				
ぎょ [gyo]	ぎょ				

しゃ행 본책 24쪽 DATE : . .

しゃ [sha]	しゃ				
しゅ [shu]	しゅ				
しょ [sho]	しょ				

じゃ행

じゃ [ja]	じゃ				
じゅ [ju]	じゅ				
じょ [jo]	じょ				

ちゃ행

본책 24쪽

DATE : . .

ちゃ [cha] ちゃ

ちゅ [chu] ちゅ

ちょ [cho] ちょ

ぢゃ행

ぢゃ [ja] ぢゃ

ぢゅ [ju] ぢゅ

ぢょ [jo] ぢょ

にゃ행 본책 24쪽

DATE : . .

にゃ

[nya]

にゃ

にゅ

[nyu]

にゅ

にょ

[nyo]

にょ

ひゃ행 본책 25쪽

ひゃ

[hya]

ひゃ

ひゅ

[hyu]

ひゅ

ひょ

[hyo]

ひょ

びゃ행 본책 25쪽

DATE : . .

びゃ	びゃ				

[bya]

びゅ	びゅ				

[byu]

びょ	びょ				

[byo]

ぴゃ행

ぴゃ	ぴゃ				

[pya]

ぴゅ	ぴゅ				

[pyu]

ぴょ	ぴょ				

[pyo]

4 히라가나 요음

みゃ행 본책 25쪽

DATE : . .

みゃ [mya]	みゃ				
みゅ [myu]	みゅ				
みょ [myo]	みょ				

りゃ행

りゃ [rya]	りゃ				
りゅ [ryu]	りゅ				
りょ [ryo]	りょ				

5 히라가나 촉음 본책 26쪽

いっき	ざっし	きって	いっぱい
단숨에 마심, 원샷	잡지	우표	한 잔

2과 はじめまして。 처음 뵙겠습니다.

KEY WORD 본책 31쪽

DATE : . .

아래 일본어를 어떻게 읽는지 ( ) 안에 히라가나를 써 보세요.

 会社員 ( ) 회사원	 先生 ( ) 선생님	 学生 ( ) 학생
 医者 ( ) 의사	 歌手 ( ) 가수	 主婦 ( ) 주부
 韓国人 ( ) 한국인	 日本人 ( ) 일본인	 中国人 ( ) 중국인

KEY WORD

단어 읽기 정답

会社員
(かいしゃいん)
회사원

先生
(せんせい)
선생님

学生
(がくせい)
학생

医者
(いしゃ)
의사

歌手
(かしゅ)
가수

主婦
(しゅふ)
주부

韓国人
(かんこくじん)
한국인

日本人
(にほんじん)
일본인

中国人
(ちゅうごくじん)
중국인

다음 예와 같이 일본어로 써 보세요. 본 책 39쪽

DATE :   .   .

1

예

A : 田中(たなか)さんは 会社員(かいしゃいん)ですか。

B : はい、私(わたし)は 会社員(かいしゃいん)です。

いいえ、私(わたし)は 会社員(かいしゃいん)じゃ ありません。

1

A : 佐藤(さとう)さんは 銀行員(ぎんこういん)ですか。

B : ______________________________

____

2

A : イさんは 警察官(けいさつかん)ですか。

B : ______________________________

____

3

A : 高橋(たかはし)さんは 大学生(だいがくせい)ですか。

B : ______________________________

____

4

A : チンさんは 公務員(こうむいん)ですか。

B : ______________________________

____

WORD

- 銀行員(ぎん こう いん) 은행원
- 大学生(だい がく せい) 대학생
- 警察官(けい さつ かん) 경찰관
- 公務員(こう む いん) 공무원

한 자 본책 41쪽 DATE : . .

会 모일 회

보기 会議(かいぎ) 회의, 会員(かいいん) 회원

会 会

会社員 かいしゃいん 회사원	会社員 かいしゃいん			

学 배울 학

보기 大学(だいがく) 대학, 語学(ごがく) 어학

学 学

学生 がくせい 학생	学生 がくせい			

国 나라 국

보기 国内(こくない) 국내, 外国(がいこく) 외국

国 国

韓国人 かんこくじん 한국인	韓国人 かんこくじん			

가타카나

アメリカ

America 미국

アメリカ		

フランス

France 프랑스

フランス		

3과 それは 何(なん)ですか。 그것은 무엇입니까?

KEY WORD 본책 43쪽

DATE : . .

아래 일본어를 어떻게 읽는지 (　　　　　) 안에 히라가나를 써 보세요.

 本 (　　　　) 책	 時計 (　　　　) 시계	 新聞 (　　　　) 신문
 辞書 (　　　　) 사전	 雑誌 (　　　　) 잡지	 傘 (　　　　) 우산
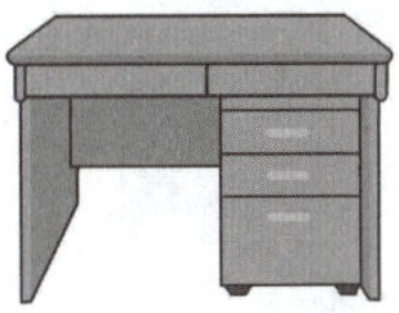 机 (　　　　) 책상	 椅子 (　　　　) 의자	 電話 (　　　　) 전화

KEY WORD

단어 읽기 정답

 本 (ほん) 책	 時計 (とけい) 시계	 新聞 (しんぶん) 신문
 辞書 (じしょ) 사전	 雑誌 (ざっし) 잡지	 傘 (かさ) 우산
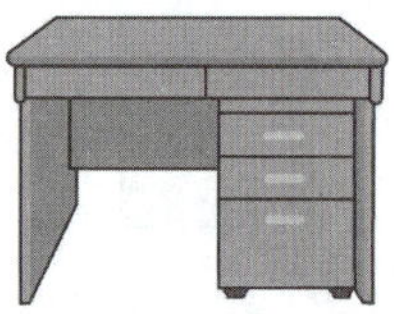 机 (つくえ) 책상	 椅子 (いす) 의자	 電話 (でんわ) 전화

다음 예와 같이 일본어로 써 보세요.　본책 51쪽

DATE :　　.　　.

1

예

電話(でんわ)

A : これは 何(なん)ですか。

B : それは 電話(でんわ)です。

1

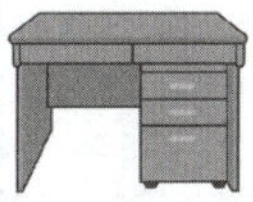

机(つくえ)

A : それは 何(なん)ですか。

B : ______________________

2

椅子(いす)

A : これは 何(なん)ですか。

B : ______________________

3

傘(かさ)

A : あれは 何(なん)ですか。

B : ______________________

4

靴(くつ)

A : それは 何(なん)ですか。

B : ______________________

5

鉛筆(えんぴつ)

A : これは 何(なん)ですか。

B : ______________________

WORD

- 机(つくえ) 책상
- 椅子(いす) 의자
- 靴(くつ) 구두
- 鉛筆(えんぴつ) 연필

한자 본책 53쪽

DATE : . .

計

셀 계

보기 計画(けいかく) 계획, 合計(ごうけい) 합계

計 計

時計	時計			
とけい 시계	とけい			

書

글 서

보기 書類(しょるい) 서류, 報告書(ほうこくしょ) 보고서

書 書

辞書	辞書			
じしょ 사전	じしょ			

電

번개 전

보기 電気(でんき) 전기, 電子(でんし) 전자

電 電

電話	電話			
でんわ 전화	でんわ			

가타카나

ペン

pen 펜

ペン		

プレゼント

present 선물

プレゼント		

4과 今(いま) 何時(なんじ)ですか。 지금 몇 시입니까?

KEY WORD 본 책 55쪽

DATE :　　　.　　　.

아래 일본어를 어떻게 읽는지 (　　　　　　) 안에 히라가나를 써 보세요.

 学校 (　　　　　　) 학교	 会社 (　　　　　　) 회사	 銀行 (　　　　　　) 은행
 映画 (　　　　　　) 영화	 勉強 (　　　　　　) 공부	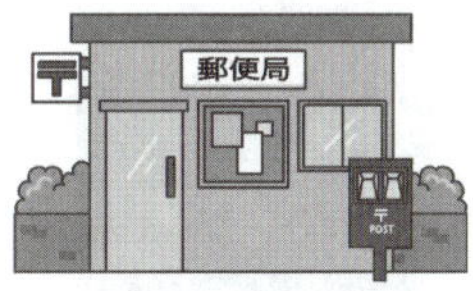 郵便局 (　　　　　　) 우체국
 会議 (　　　　　　) 회의	 スーパー (　　　　　　) 슈퍼	 バイト (　　　　　　) 아르바이트

KEY WORD

단어 읽기 정답

学校

(がっこう)

학교

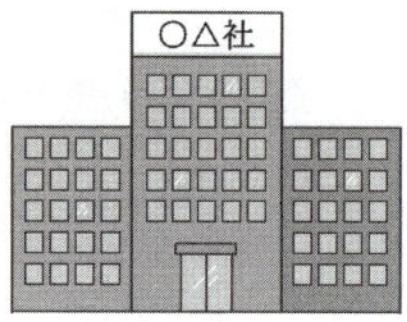

会社

(かいしゃ)

회사

銀行

(ぎんこう)

은행

映画

(えいが)

영화

勉強

(べんきょう)

공부

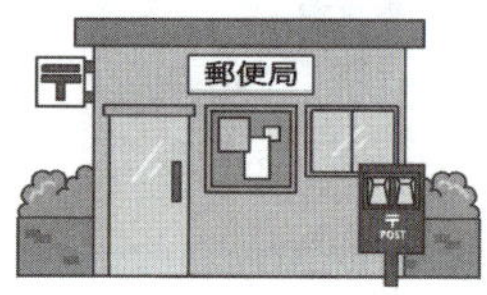

郵便局

(ゆうびんきょく)

우체국

会議

(かいぎ)

회의

スーパー

(すーぱー)

슈퍼

バイト

(ばいと)

아르바이트

빈칸에 써 보세요. 본책 58~59쪽

DATE : . .

01. 숫자 읽기 ①

0	ぜろ	6	
1		7	
2		8	
3		9	
4		10	
5		11	

02. 시간 표현

1. ~時(じ) ~시

1時	いちじ	7時	
2時		8時	
3時		9時	
4時		10時	
5時		11時	
6時		12時	
何時			

빈칸에 써 봅시다. 본 책 59쪽

DATE : . .

2. ～分(ふん) ～분

1分	いっぷん	5分	
2分		10分	
3分		15分	
4分		20分	
5分		25分	
6分		30分	
7分		35分	
8分		40分	
9分		45分	
10分		50分	
何分		55分	

書いてみましょう

쓰 봅시다

다음 예와 같이 일본어로 써 보세요. 본 책 65쪽 DATE : . .

1

예

4시 15분

A : 今(いま) 何時(なんじ)ですか。

B : よじ じゅうごふんです。

1

7시 40분

________________です。

2

10시 25분

________________です。

2

예

am 11 : 00 ~ pm 1 : 00

A : テストは 何時(なんじ)から 何時(なんじ)までですか。

B : 午前(ごぜん) １１時(じゅういちじ)から 午後(ごご) １時(いちじ)までです。

1

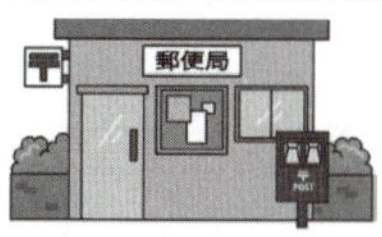

am 9 : 00 ~ pm 4 : 00

A : 郵便局(ゆうびんきょく)は 何時(なんじ)から 何時(なんじ)までですか。

B : __________から __________までです。

2

am 10 : 00 ~ pm 7 : 30

A : スーパーは 何時(なんじ)から 何時(なんじ)までですか。

B : __________から __________までです。

WORD

- テスト(test) 시험
- スーパー(supermarket) 슈퍼
- 郵便局(ゆう びん きょく) 우체국

한 자 본책 67쪽

DATE : . .

行 갈 **행**

보기 行動(こうどう) 행동, 孝行(こうこう) 효행

行 行

銀行 ぎん こう 은행	銀行 ぎん こう			

映 비칠 **영**

보기 映像(えいぞう) 영상, 上映(じょうえい) 상영

映 映

映画 えい が 영화	映画 えい が			

議 의논할 **의**

보기 議会(ぎかい) 의회, 議員(ぎいん) 의원

議 議

会議 かい ぎ 회의	会議 かい ぎ			

가타카나

スーパー

supermarket 슈퍼

スーパー		

バイト

arbeit 아르바이트

バイト		

5과 いくらですか。 얼마입니까?

KEYWORD 본 책 69쪽

DATE :　　.　　.

아래 일본어를 어떻게 읽는지 (　　　　　　) 안에 히라가나를 써 보세요.

料理

(　　　　　　)

요리

店

(　　　　　　)

가게

食事

(　　　　　　)

식사

靴

(　　　　　　)

구두

弁当

(　　　　　　)

도시락

メニュー

(　　　　　　)

메뉴

ハンバーガー

(　　　　　　)

햄버거

コーヒー

(　　　　　　)

커피

ケーキ

(　　　　　　)

케이크

KEY WORD

단어 읽기 정답

料理

(りょうり)

요리

店

(みせ)

가게

食事

(しょくじ)

식사

靴

(くつ)

구두

弁当

(べんとう)

도시락

メニュー

(めにゅー)

메뉴

ハンバーガー

(はんばーがー)

햄버거

コーヒー

(こーひー)

커피

ケーキ

(けーき)

케이크

빈칸에 써 보세요.

본 책 72쪽

DATE :   .   .

숫자 읽기 ②

1	10	100	1000	10000
いち				
2	20	200	2000	20000
3	30	300	3000	30000
4	40	400	4000	40000
5	50	500	5000	50000

빈칸에 써 보세요. 본책 72쪽

DATE : . .

6	60	600	6000	60000
ろく				
7	70	700	7000	70000
8	80	800	8000	80000
9	90	900	9000	90000
10	100	1000	10000	100000

書いてみましょう

써 봅시다

다음 예와 같이 일본어로 써 보세요. 본 책 77쪽

DATE :　　.　　.

1

예

弁当(べんとう)・550円(えん)

A : 弁当(べんとう)は いくらですか。

B : ごひゃくごじゅう 円(えん)です。

1

ラーメン・600 円(えん)

A : ＿＿＿＿＿＿＿＿は　いくらですか。

B : ＿＿＿＿＿＿＿＿＿＿＿＿円(えん)です。

2

お好(この)み焼(や)き・850 円(えん)

A : ＿＿＿＿＿＿＿＿は　いくらですか。

B : ＿＿＿＿＿＿＿＿＿＿＿＿円(えん)です。

3

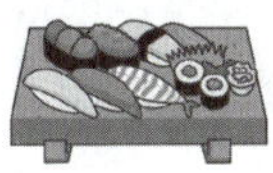

すしセット・2,500 円(えん)

A : ＿＿＿＿＿＿＿＿は　いくらですか。

B : ＿＿＿＿＿＿＿＿＿＿＿＿円(えん)です。

4

靴(くつ)・6,000 円(えん)

A : ＿＿＿＿＿＿＿＿は　いくらですか。

B : ＿＿＿＿＿＿＿＿＿＿＿＿円(えん)です。

5

デジカメ・23,000 円(えん)

A : ＿＿＿＿＿＿＿＿は　いくらですか。

B : ＿＿＿＿＿＿＿＿＿＿＿＿円(えん)です。

WORD

- 弁当(べんとう) 도시락
- ラーメン 라면
- お好(この)み焼(や)き 오코노미야키(일본식 부침개)
- すしセット 초밥 세트
- デジカメ(digital camera) 디지털 카메라의 줄임말

한 자 본책 79쪽

DATE : . .

料
헤아릴 **료**

보기 無料(むりょう) 무료, 料金(りょうきん) 요금

料 料

料理	料理			
りょうり 요리	りょうり			

食
먹을 **식**

보기 食料(しょくりょう) 식료, 食堂(しょくどう) 식당

食 食

食事	食事			
しょくじ 식사	しょくじ			

当
마땅할 **당**

보기 当日(とうじつ) 당일, 適当(てきとう) 적당

当 当

弁当	弁当			
べんとう 도시락	べんとう			

가타카나

コーヒー

coffee 커피

コーヒー		

メニュー

menu 메뉴

メニュー		

6과 お誕生日(たんじょうび)は いつですか。 생일이 언제입니까?

KEYWORD 본책 81쪽

DATE : . .

아래 일본어를 어떻게 읽는지 (   ) 안에 히라가나를 써 보세요.

 誕生日 ( ) 생일	 食べ物 ( ) 음식	 海 ( ) 바다
 食堂 ( ) 식당	 友達 ( ) 친구	 子供 ( ) 아이
 祭り ( ) 축제	 テスト ( ) 시험	 コンサート ( ) 콘서트

KEY WORD

단어 읽기 정답

 誕生日 (たんじょうび) 생일	 食べ物 (たべもの) 음식	 海 (うみ) 바다
 食堂 (しょくどう) 식당	 友達 (ともだち) 친구	 子供 (こども) 아이
 祭り (まつり) 축제	 テスト (てすと) 시험	 コンサート (こんさーと) 콘서트

文法まとめ

문법 정리

빈칸에 써 보세요. 본 책 84쪽

DATE : . .

1. 日付(ひづけ) 날짜

日曜日		14日	
月曜日		15日	
火曜日		16日	
水曜日		17日	
木曜日		18日	
金曜日		19日	
土曜日		20日	
1日		21日	
2日		22日	
3日		23日	
4日		24日	
5日		25日	
6日		26日	
7日		27日	
8日		28日	
9日		29日	
10日		30日	
11日		31日	
12日		何日	
13日		何曜日	

빈칸에 써 보세요. 본 책 85쪽

DATE : . .

2. ~年(ねん) ~년

1年	2年	3年	4年	5年	6年
7年	8年	9年	10年	11年	12年
何年					

3. ~月(がつ) ~월

1月	2月	3月	4月	5月	6月
7月	8月	9月	10月	11月	12月
何月					

4. 시제 관련 표현

一昨日 그저께	昨日 어제	今日 오늘	明日 내일	明後日 모레
先々週 지지난 주	先週 지난주	今週 이번 주	来週 다음 주	再来週 다음다음 주

書いてみましょう 써 봅시다

다음 예와 같이 일본어로 써 보세요. 본 책 91쪽 DATE : . .

1

예

テスト, 4月1日～3日

A : テストは いつから いつまでですか。

B : しがつついたち からみっかまでです。

1

旅行(りょこう), 1月10日～15日

A : ____________はいつから いつまでですか。

B : ____________________から

____________________までです。

2

夏休(なつやす)み, 7月14日～8月20日

A : ____________はいつから いつまでですか。

B : ____________________から

____________________までです。

3

祭(まつ)り, 9月4日～8日

A : ____________はいつから いつまでですか。

B : ____________________から

____________________までです。

4

コンサート,
12月24日～31日

A : ____________はいつから いつまでですか。

B : ____________________から

____________________までです。

WORD

- 旅行(りょこう) 여행
- 夏休(なつやす)み 여름휴가, 여름방학
- 祭(まつ)り 축제
- コンサート 콘서트

한 자 본책 93쪽

DATE : . .

日
날 일

보기 記念日(きねんび) 기념일, 月曜日(げつようび) 월요일

日 日

誕生日	誕生日			
たんじょうび 생일	たんじょうび			

堂
집 당

보기 講堂(こうどう) 강당, 堂々(どうどう) 당당

堂 堂

食堂	食堂			
しょくどう 식당	しょくどう			

友
벗 우

보기 竹馬(ちくば)の友(とも) 죽마지우

友 友

友達	友達			
ともだち 친구	ともだち			

가타카나

テスト

test 시험

テスト		

コンサート

concert 콘서트

コンサート		

7과 今日(きょう)は いい 天気(てんき)ですね。 오늘은 날씨가 좋네요.

KEY WORD 본책 95쪽

DATE : . .

아래 일본어를 어떻게 읽는지 ( ) 안에 히라가나를 써 보세요.

 旅行 ( ) 여행	 授業 ( ) 수업	 買い物 ( ) 쇼핑
 春 ( ) 봄	 夏 ( ) 여름	 秋 ( ) 가을
 冬 ( ) 겨울	 レストラン ( ) 레스토랑	 デパート ( ) 백화점

KEY WORD

단어 읽기 정답

 旅行 (りょこう) 여행	 授業 (じゅぎょう) 수업	 買い物 (かいもの) 쇼핑
 春 (はる) 봄	 夏 (なつ) 여름	 秋 (あき) 가을
 冬 (ふゆ) 겨울	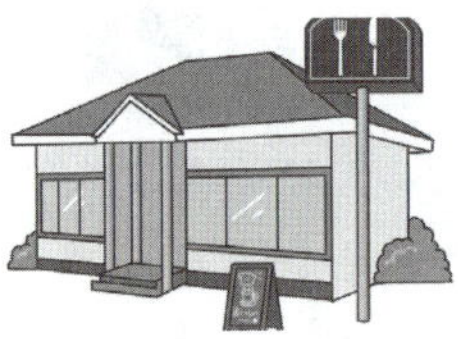 レストラン (れすとらん) 레스토랑	 デパート (でぱーと) 백화점

빈칸에 써 보세요. 본 책 98쪽

DATE : . .

01. い형용사의 활용

종류	활용	예
기본형	～い	やすい 싸다
정중형	～い + です	
명사 수식형	～い + 명사	時計(とけい) 시계
과거형	～い + かったです	
부정형	～い + くありません くないです	
과거 부정형	～い + くありませんでした くなかったです	
부사형	～い + く	
연결형	～い + くて	

빈칸에 써 보세요. 본 책 99쪽

DATE : . .

02. 「いい(=よい) 좋다」의 활용

종류	よい 활용	いい 활용
기본형		
정중형		
명사 수식형	時計(とけい)	時計(とけい)
과거형		いかったです(×)
부정형		いく ありません(×) =いく ないです(×)
과거 부정형		いく ありませんでした(×) =いく なかったです(×)
부사형		いく(×)
연결형		いくて(×)

書いてみましょう

써 봅시다

다음 예와 같이 일본어로 써 보세요. 본 책 107쪽

DATE : . .

1

기본형	예 おいしい 맛있다	大(おお)きい 크다	高(たか)い 비싸다	かわいい 귀엽다	いい 좋다
정중형	예 おいしいです 맛있습니다				
명사 수식형	예 おいしい りんご 맛있는 사과	机(つくえ) 책상	かばん 가방	猫(ねこ) 고양이	天気(てんき) 날씨
과거형	예 おいしかったです 맛있었습니다				
부정형	예 おいしく ありません おいしく ないです 맛있지 않습니다				
과거 부정형	예 おいしく ありませんでした おいしく なかったです 맛있지 않았습니다				
부사형	예 おいしく 맛있게				
연결형	예 おいしくて 맛있고				

한 자 본책 109쪽

DATE : . .

旅
나그네 여

보기 旅館(りょかん) 여관, 旅費(りょひ) 여행경비

旅 旅

旅行 りょこう 여행	旅行 りょこう			

業
업 업

보기 卒業(そつぎょう) 졸업, 残業(ざんぎょう) 잔업

業 業

授業 じゅぎょう 수업	授業 じゅぎょう			

物
물건 물

보기 食(た)べ物(もの) 음식, 飲(の)み物(もの) 음료

物 物

買い物 かいもの 쇼핑	買い物 かいもの			

가타카나

レストラン
restaurant 레스토랑

レストラン		

デパート
department store 백화점

デパート		

8과 どんな タイプが 好(す)きですか。

어떤 타입을 좋아합니까?

KEY WORD　본책 111쪽　　DATE :　　.　　.

아래 일본어를 어떻게 읽는지 (　　　　　　) 안에 히라가나를 써 보세요.

 花 (　　　　　　) 꽃	 部屋 (　　　　　　) 방	 交通 (　　　　　　) 교통
 街 (　　　　　　) 거리	 写真 (　　　　　　) 사진	 果物 (　　　　　　) 과일
 運動 (　　　　　　) 운동	 スポーツ (　　　　　　) 스포츠	 ビル (　　　　　　) 빌딩

KEY WORD

단어 읽기 정답

 花 (はな) 꽃	 部屋 (へや) 방	 交通 (こうつう) 교통
 街 (まち) 거리	 写真 (しゃしん) 사진	 果物 (くだもの) 과일
 運動 (うんどう) 운동	 スポーツ (すぽーつ) 스포츠	 ビル (びる) 빌딩

빈칸에 써 보세요. 본책 114쪽

DATE : . .

01. な형용사의 활용

종류	활용	예
기본형	～だ	簡単(かんたん)だ 간단하다
정중형	～だ + です	
명사 수식형	～だ → な + 명사	テスト 시험
과거형	～だ + でした	
부정형	～だ + じゃ ありません じゃ ないです	
과거 부정형	～だ + じゃ ありませんでした じゃ なかったです	
부사형	～だ + に	
연결형	～だ + で	

빈칸에 써 보세요. 본 책 115쪽

DATE : . .

02. 조사「が」

종류	예
~が 好(す)きだ ~을(를) 좋아하다	歌(うた)＿＿＿＿＿＿＿＿です。
~が 嫌(きら)いだ ~을(를) 싫어하다	歌(うた)＿＿＿＿＿＿＿＿です。
~が 上手(じょうず)だ ~을(를) 잘하다	英語(えいご)＿＿＿＿＿＿＿＿です。
~が 下手(へた)だ ~을(를) 못하다	英語(えいご)＿＿＿＿＿＿＿＿です。
~が 得意(とくい)だ ~을(를) 잘하다 (자신있다)	料理(りょうり)＿＿＿＿＿＿＿＿です。
~が 苦手(にがて)だ ~을(를) 못하다 (자신없다)	料理(りょうり)＿＿＿＿＿＿＿＿です。

書いてみましょう

써 봅시다

다음 예와 같이 일본어로 써 보세요. 본 책 121쪽

DATE : . .

1

기본형	예 まじめだ 성실하다	静(しず)かだ 조용하다	好(す)きだ 좋아하다	元気(げんき)だ 건강하다	きれいだ 예쁘다
정중형	예 まじめです 성실합니다				
명사 수식형	예 まじめな学生(がくせい) 성실한 학생	部屋(へや) 방	人(ひと) 사람	子供(こども) 아이	花(はな) 꽃
과거형	예 まじめでした 성실했습니다				
부정형	예 まじめじゃ ありません まじめじゃ ないです 성실하지 않습니다				
과거 부정형	예 まじめじゃ ありませんでした まじめじゃ なかったです 성실하지 않았습니다				
부사형	예 まじめに 성실하게				
연결형	예 まじめで 성실하고				

한 자 본책 123쪽

DATE : . .

通 통할 통

보기 通行(つうこう) 통행, 通訳(つうやく) 통역

通	通				

交通 こう つう 교통	交通 こう つう			

真 참 진

보기 真剣(しんけん) 진지함, 真珠(しんじゅ) 진주

真	真				

写真 しゃ しん 사진	写真 しゃ しん			

動 움직일 동

보기 動物(どうぶつ) 동물, 行動(こうどう) 행동

動	動				

運動 うん どう 운동	運動 うん どう			

가타카나

スポーツ

sports 스포츠

スポーツ		

ビル

building 빌딩

ビル		

9과 書類(しょるい)は どこに ありますか。

서류는 어디에 있습니까?

KEY WORD 본책 125쪽

DATE :　　.　　.

아래 일본어를 어떻게 읽는지 (　　　　　) 안에 히라가나를 써 보세요.

 書類 (　　　　) 서류	 公園 (　　　　) 공원	 本屋 (　　　　) 서점
 駅 (　　　　) 역	 家 (　　　　) 집	 受付 (　　　　) 접수처
 トイレ (　　　　) 화장실	 コンビニ (　　　　) 편의점	 テレビ (　　　　) 텔레비전

KEY WORD

단어 읽기 정답

書類

(しょるい)

서류

公園

(こうえん)

공원

本屋

(ほんや)

서점

駅

(えき)

역

家

(うち/いえ)

집

受付

(うけつけ)

접수처

トイレ

(といれ)

화장실

コンビニ

(こんびに)

편의점

テレビ

(てれび)

텔레비전

빈칸에 써 봅시다. 본 책 129쪽

DATE :   .   .

위치를 나타내는 명사

 ( ) 위	 ( ) 아래	 ( ) 안
 ( ) 밖	 ( ) 앞	 ( ) 뒤

빈칸에 써 봅시다. 본 책 129쪽

DATE : . .

 (　　　　　　) 오른쪽	 (　　　　　　) 왼쪽	 (　　　　　　) 옆
 (　　　　　　) 옆	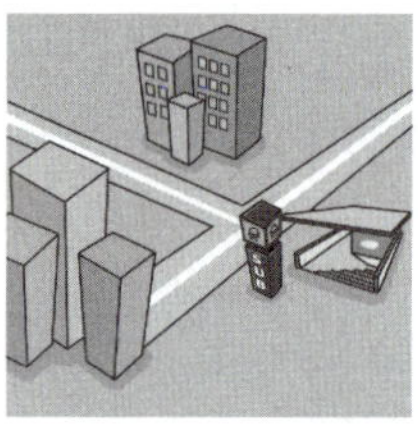 (　　　　　　) 근처	 (　　　　　　) 맞은편

다음 예와 같이 일본어로 써 보세요.　본 책 135쪽

DATE :　　.　　.

1

예

りんご・机(つくえ)・上(うえ)

りんごは 机(つくえ)の 上(うえ)に あります。

りんごは 机(つくえ)の 上(うえ)に ありません。

1

犬(いぬ)・椅子(いす)・下(した)

＿＿＿＿＿＿＿＿＿＿＿＿＿＿＿＿。

＿＿＿＿＿＿＿＿＿＿＿＿＿＿＿＿。

2

バス停(てい)・会社(かいしゃ)・前(まえ)

＿＿＿＿＿＿＿＿＿＿＿＿＿＿＿＿。

＿＿＿＿＿＿＿＿＿＿＿＿＿＿＿＿。

3

高橋(たかはし)さん・鈴木(すずき)さん・右(みぎ)

＿＿＿＿＿＿＿＿＿＿＿＿＿＿＿＿。

＿＿＿＿＿＿＿＿＿＿＿＿＿＿＿＿。

4

郵便局(ゆうびんきょく)・銀行(ぎんこう)・隣(となり)

＿＿＿＿＿＿＿＿＿＿＿＿＿＿＿＿。

＿＿＿＿＿＿＿＿＿＿＿＿＿＿＿＿。

WORD

- りんご 사과
- 机(つくえ) 책상
- 犬(いぬ) 개
- 椅子(いす) 의자
- バス停(てい) 버스정류장
- 右(みぎ) 오른쪽
- 郵便局(ゆうびんきょく) 우체국

한 자 본책 137쪽

DATE : . .

公
공평 공

보기 公演(こうえん) 공연, 公式(こうしき) 공식

公 公

公園 こうえん 공원	公園 こうえん			

本
근본 본

보기 本気(ほんき) 진심, 本当(ほんとう) 정말, 사실

本 本

本屋 ほんや 서점	本屋 ほんや			

受
받을 수

보기 受取(うけとり) 수취, 受身(うけみ) 수동

受 受

受付 うけつけ 접수처	受付 うけつけ			

가타카나

コンビニ

convenience store 편의점

コンビニ		

テレビ

television 텔레비전

テレビ		

10과 何人家族(なんにんかぞく)ですか。 몇 식구입니까?

KEY WORD 본책 139쪽

DATE : . .

아래 일본어를 어떻게 읽는지 ( ) 안에 히라가나를 써 보세요.

 家族 ( ) 가족	 兄弟 ( ) 형제	 両親 ( ) 부모
 男 ( ) 남자	 女 ( ) 여자	 犬 ( ) 개
 教室 ( ) 교실	 バス ( ) 버스	 テーブル ( ) 테이블

KEY WORD

단어 읽기 정답

 家族 (かぞく) 가족	 兄弟 (きょうだい) 형제	 両親 (りょうしん) 부모
 男 (おとこ) 남자	 女 (おんな) 여자	 犬 (いぬ) 개
 教室 (きょうしつ) 교실	 バス (ばす) 버스	 テーブル (てーぶる) 테이블

빈칸에 써 보세요.

본 책 146쪽

DATE :   .   .

* 조수사

 ~人(にん) ~명	1人	2人	3人	4人	5人
	6人	7人	8人	9人	10人

 ~つ ~개	1つ	2つ	3つ	4つ	5つ
	6つ	7つ	8つ	9つ	10つ

 ~枚(まい) ~장	1枚	2枚	3枚	4枚	5枚
	6枚	7枚	8枚	9枚	10枚

 ~台(だい) ~대	1台	2台	3台	4台	5台
	6台	7台	8台	9台	10台

 ~階(かい) ~층	1階	2階	3階	4階	5階
	6階	7階	8階	9階	10階

文法まとめ

문법 정리

빈칸에 써 보세요. 본 책 147쪽

DATE : . .

~匹(ひき) ~마리	1匹	2匹	3匹	4匹	5匹
	6匹	7匹	8匹	9匹	10匹

~本(ほん) ~개	1本	2本	3本	4本	5本
	6本	7本	8本	9本	10本

~杯(はい) ~잔	1杯	2杯	3杯	4杯	5杯
	6杯	7杯	8杯	9杯	10杯

~歳(さい) ~살	1歳	2歳	3歳	4歳	5歳
	6歳	7歳	8歳	9歳	10歳

~冊(さつ) ~권	1冊	2冊	3冊	4冊	5冊
	6冊	7冊	8冊	9冊	10冊

書いてみましょう

써 봅시다

다음 예와 같이 일본어로 써 보세요. 본책 151쪽

DATE :　　.　　.

1

예

箱(はこ)の 中(なか)に みかんが むっつ あります。

1

机(つくえ)の 上(うえ)に 本(ほん)が ＿＿＿＿＿＿＿＿ あります。

2

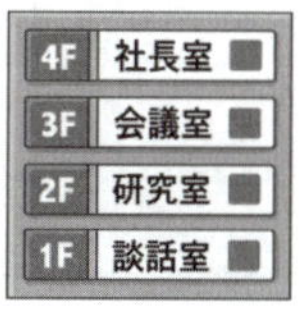

会議室(かいぎしつ)は ＿＿＿＿＿＿＿＿ に あります。

3

ベッドの 上(うえ)に 犬(いぬ)が ＿＿＿＿＿＿＿＿ います。

4

教室(きょうしつ)の 中(なか)に 男(おとこ)の人(ひと)が ＿＿＿＿＿＿＿＿ います。

WORD

- みかん 귤
- 会議室(かい ぎ しつ) 회의실
- ベッド 침대
- 犬(いぬ) 개
- 教室(きょう しつ) 교실
- 男(おとこ)の人(ひと) 남자

한 자 본책 153쪽

DATE : . .

家
집 가

보기 家門(かもん) 가문, 家庭(かてい) 가정

家 家

家族	家族			
かぞく 가족	かぞく			

両
두 량

보기 両国(りょうこく) 양국, 両家(りょうけ) 양가

両 両

両親	両親			
りょうしん 부모	りょうしん			

教
가르칠 교

보기 教育(きょういく) 교육, 教師(きょうし) 교사

教 教

教室	教室			
きょうしつ 교실	きょうしつ			

가타카나

テーブル

table 테이블

テーブル		

バス

bus 버스

バス		

11과

まいあさ　なんじ　お

毎朝 何時に 起きますか。

매일 아침 몇 시에 일어납니까?

KEYWORD

본 책 155쪽

DATE :　　.　　.

아래 일본어를 어떻게 읽는지 (　　　　　　) 안에 히라가나를 써 보세요.

 図書館 (　　　　) 도서관	 映画館 (　　　　) 영화관	 仕事 (　　　　) 일
 音楽 (　　　　) 음악	 散歩 (　　　　) 산책	 ご飯 (　　　　) 밥
 絵 (　　　　) 그림	 メール (　　　　) 메일	 コーヒーショップ (　　　　) 커피숍

KEY WORD

단어 읽기 정답

図書館
(としょかん)
도서관

映画館
(えいがかん)
영화관

仕事
(しごと)
일

音楽
(おんがく)
음악

散歩
(さんぽ)
산책

ご飯
(ごはん)
밥

絵
(え)
그림

メール
(めーる)
메일

コーヒーショップ
(こーひーしょっぷ)
커피숍

빈칸에 써 보세요. 본 책 159쪽

DATE : . .

ます형 활용 ①

		종 류	～ます(현재형)	～ません(부정형)
買(か)う	사다			
会(あ)う	만나다			
待(ま)つ	기다리다			
持(も)つ	들다, 갖다			
死(し)ぬ	죽다			
飲(の)む	마시다			
読(よ)む	읽다			
遊(あそ)ぶ	놀다			
話(はな)す	이야기하다			
書(か)く	쓰다			
聞(き)く	듣다			
行(い)く	가다			

빈칸에 써 보세요. 본 책 159쪽

DATE :　　.　　.

		종 류	～ます(현재형)	～ません(부정형)
泳ぐ(およぐ)	수영하다			
乗る(のる)	타다			
ある	있다(무생물)			
帰る(かえる)	돌아가다(오다)			
いる	있다(생물)			
見る(みる)	보다			
食べる(たべる)	먹다			
起きる(おきる)	일어나다			
寝る(ねる)	자다			
教える(おしえる)	가르치다			
来る(くる)	오다			
する	하다			

書いてみましょう

써 봅시다

다음 예와 같이 일본어로 써 보세요. 본책 167쪽

DATE : . .

1

예

A : ご飯(はん)を 食(た)べますか。

B : はい、 ご飯(はん)を 食(た)べます。

いいえ、 ご飯(はん)を 食(た)べません。

1

A : メールを 書(か)きますか。

B : ________________________。

________________________。

2

A : 英語(えいご)を 教(おし)えますか。

B : ________________________。

________________________。

3

A : 家(うち)に 帰(かえ)りますか。

B : ________________________。

________________________。

4

A : 学校(がっこう)へ 行(い)きますか。

B : ________________________。

________________________。

WORD

- ご飯(はん)を 食(た)べる 밥을 먹다
- メールを 書(か)く 메일을 쓰다
- 英語(えいご)を 教(おし)える 영어를 가르치다
- 家(うち)に 帰(かえ)る 집에 돌아가다(오다)
- 学校(がっこう)へ 行(い)く 학교에 가다

한 자 본책 169쪽 DATE : . .

館 집 관

보기 映画館(えいがかん) 영화관, 美術館(びじゅつかん) 미술관

館 館

図書館	図書館			
としょかん 도서관	としょかん			

楽 음악 악

보기 楽譜(がくふ) 악보, 楽団(がくだん) 악단

楽 楽

音楽	音楽			
おんがく 음악	おんがく			

事 일 사

보기 出来事(できごと) 일어난 일, 物事(ものごと) 사물

事 事

仕事	仕事			
しごと 일	しごと			

가타카나

メール

mail 메일

メール		

コーヒーショップ

coffee shop 커피숍

コーヒーショップ		

12과 高校時代(こうこうじだい)の 友達(ともだち)に 会(あ)いました。

고등학교 시절 친구를 만났습니다.

KEY WORD

본책 171쪽

DATE : . .

아래 일본어를 어떻게 읽는지 (　　　　　) 안에 히라가나를 써 보세요.

 漢字 (　　　　　) 한자	 花束 (　　　　　) 꽃다발	 お酒 (　　　　　) 술
 車 (　　　　　) 차	 電車 (　　　　　) 전철	 宿題 (　　　　　) 숙제
 タクシー (　　　　　) 택시	 コート (　　　　　) 코트	 デート (　　　　　) 데이트

KEY WORD

단어 읽기 정답

 漢字 (かんじ) 한자	 花束 (はなたば) 꽃다발	 お酒 (おさけ) 술
 車 (くるま) 차	 電車 (でんしゃ) 전철	 宿題 (しゅくだい) 숙제
 タクシー (たくしー) 택시	 コート (こーと) 코트	 デート (でーと) 데이트

文法まとめ

문법 정리

빈칸에 써 보세요. 본 책 175쪽

DATE :   .   .

ます형 활용 ②

		종　류	～ました(과거형)	～ませんでした(과거 부정형)
買(か)う	사다			
会(あ)う	만나다			
待(ま)つ	기다리다			
持(も)つ	들다, 갖다			
死(し)ぬ	죽다			
飲(の)む	마시다			
読(よ)む	읽다			
遊(あそ)ぶ	놀다			
話(はな)す	이야기하다			
書(か)く	쓰다			
聞(き)く	듣다			
行(い)く	가다			

빈칸에 써 보세요. 본 책 175쪽

DATE :   .   .

		종 류	～ました(과거형)	～ませんでした(과거 부정형)
泳(およ)ぐ	수영하다			
乗(の)る	타다			
ある	있다(무생물)			
帰(かえ)る	돌아가다(오다)			
いる	있다(생물)			
見(み)る	보다			
食(た)べる	먹다			
起(お)きる	일어나다			
寝(ね)る	자다			
教(おし)える	가르치다			
来(く)る	오다			
する	하다			

書いてみましょう　써 봅시다

다음 예와 같이 일본어로 써 보세요.　본책 183쪽

DATE :　　.　　.

1

예

A : 電話(でんわ)を かけましたか。

B : はい、電話(でんわ)を かけました。

いいえ、電話(でんわ)を かけませんでした。

1

A : 昨日(きのう)、デートをしましたか。

B : ________________。

________________。

2

A : 車(くるま)に 乗(の)りましたか。

B : ________________。

________________。

3

A : 新聞(しんぶん)を 読(よ)みましたか。

B : ________________。

________________。

4

A : 中国(ちゅうごく)へ 行(い)きましたか。

B : ________________。

________________。

WORD

- 電話(でん わ)を かける 전화를 걸다
- 昨日(きのう) 어제
- デートをする 데이트를 하다
- 車(くるま)に 乗(の)る 차를 타다
- 新聞(しん ぶん)を 読(よ)む 신문을 읽다
- 中国(ちゅう ごく)へ 行(い)く 중국에 가다

한 자 본책 185쪽

DATE : . .

花

꽃 화

보기 花屋(はなや) 꽃가게, 花見(はなみ) 꽃구경

花	花				

花束	花束			
はな たば 꽃다발	はな たば			

車

수레 차

보기 自動車(じどうしゃ) 자동차, 自転車(じてんしゃ) 자전거

車	車				

電車	電車			
でん しゃ 전철	でん しゃ			

題

제목 제

보기 問題(もんだい) 문제, 話題(わだい) 화제

題	題				

宿題	宿題			
しゅく だい 숙제	しゅく だい			

가타카나

タクシー

taxi 택시

タクシー		

デート

date 데이트

デート		